商业银行·赢在软实力系列丛书

黄勋敬 著

Bank Corporate Customer Manager
Soft Power Model

银行对公客户经理
软实力修炼

中国金融出版社

责任编辑：贾　真
责任校对：李俊英
责任印制：丁淮宾

图书在版编目（CIP）数据

银行对公客户经理软实力修炼（Yinhang Duigong Kehu Jingli Ruanshili Xiulian）/黄勋敬著 . —北京：中国金融出版社，2014.8
ISBN 978 - 7 - 5049 - 7559 - 1

Ⅰ . ①银…　Ⅱ . ①黄…　Ⅲ . ①银行—客户—商业服务　Ⅳ . ①F830. 4

中国版本图书馆 CIP 数据核字（2014）第 119817 号

出版
发行　　**中国金融出版社**

社址　北京市丰台区益泽路 2 号
市场开发部　（010)63266347，63805472，63439533（传真）
网 上 书 店　http：//www.chinafph.com
　　　　　　　（010)63286832，63365686（传真）
读者服务部　（010)66070833，62568380
邮编　100071
经销　新华书店
印刷　北京松源印刷有限公司
尺寸　169 毫米×239 毫米
印张　14. 75
字数　230 千
版次　2014 年 8 月第 1 版
印次　2014 年 8 月第 1 次印刷
定价　32. 00 元
ISBN 978 - 7 - 5049 - 7559 - 1/F. 7119
如出现印装错误本社负责调换　联系电话（010)63263947

题　　词

　　本丛书通过大量的实证调查研究，构筑了核心岗位的软实力任职标准，这对促进银行职业化进程与提升民族银行业绩效具有重要意义。

中国银行业协会专职副会长

　　本丛书从软实力模型的视角对商业银行核心岗位的软实力进行了解码，通过新的研究思路找出了卓越任职者的核心要素，并且结合实际案例，系统而又深入浅出地进行了分析，相信会对银行从业者产生深刻的影响。

中国工商银行前副行长

　　本丛书对商业银行核心岗位的软实力模型进行了系统而又深入的研究，树立了培养未来任职者的参照标杆，特别是提供了很多切实可行、易于操作的经典案例，有助于新一代银行从业者的成长。

南京大学商学院院长、博士生导师

　　本丛书抓住我国商业银行从业者职业化中的关键环节进行系统而深入的探讨。在实现多学科和多角度整合的基础上突出了重点，有较好的内在逻辑性。因此，这是一套在学术和实践应用上都具有借鉴价值的前沿性专著。

　　　　西南财经大学中国金融研究中心名誉主任　曾康霖

　　本丛书兼具理论性和实践性，特别适合银行从业者、未来银行的明日之星以及金融管理者、咨询顾问、培训师以及金融专业的教师、学生阅读，是银行从业者的良好培训教材。

　　中国社会科学院金融研究所副所长、《银行家》杂志主编

序

构建银行核心岗位软实力模型，打造行业软实力标准

今天，商业银行的经营环境已发生了翻天覆地的变化。在这个特殊的时代，挑战越来越多：经济全球化、全球金融危机、更加突出的不确定性……要面对这些挑战，就更需要高素质的商业银行人才。在现今的环境中，商业银行人才的挑选和培养比过去任何年代更凸显它的战略重要性。

在新的时代环境快速改变的情况下，商业银行最需要什么样的核心岗位任职者？换句话说，我们需要培育什么样的人才来引领商业银行前进？在我看来，商业银行核心岗位任职者必须具备两个力：一个是硬实力，即任职者必须具备相应的学历、资历、业绩等外在的硬件要求，这是成就一名优秀现代商业银行从业者的基础。当然，只有外在的这些硬要求还不够，还必须具备软实力，而这些软实力的标准何在？

对于这个问题，黄勋敬博士的团队利用产、学、研相结合的良好平台，进行了系统的实证探索。他通过对大规模经典行为事件访谈和问卷调查，利用实证研究方法及追踪研究方法对"商业银行核心岗位的软实力模型"进行了长期的探索，构筑了商业银行核心岗位的软实力标准。在此基础上，作者推出了"商业银行·赢在软实力系列丛书"，其中内含银行行长、个人客户经理、对公客户经理、风险经理、产品经理以及理财经理等银行核心岗位的软实力胜任标准。

本丛书不仅构建了不同核心岗位的软实力模型体系，更重要的是基于不

同的软实力模型，通过成功或失败的真实案例，富有针对性地剖析了任职者的软实力提升路径，从而更好地发挥核心岗位的优势，推动现代商业银行向高绩效的"旗舰型"组织发展。

本丛书的重要贡献在于构筑了商业银行核心岗位的软实力标准，这无疑对促进银行职业化进程与提升民族银行业绩效具有重要意义。

中国银行业协会专职副会长

自序：我们能够帮到您什么

一、我们发现了什么

长期以来，本人一直坚持产、学、研相结合，并专注于行为经济（金融）、人力资源管理和银行管理的研究和应用。通过在商业银行十多年的工作体验，历经银行基层行、省行和总行的工作实践，并通过参与中国工商银行总行、粤海集团（香港）、南方航空公司等企业的管理咨询工作，我越来越觉得：人才，尤其是核心岗位的人才，是任何银行在激烈的市场竞争中胜出的关键。"得人才者得天下！"如何选拔、培育人才是各家商业银行竞争的关键。一直以来，对于应如何选拔和培育人才，我们更多地是看候选人外在的硬件要求，如其学历、经历等，而对其内在的素质等"软实力"的要求较少。事实上，理论和实践表明，一个任职者内在的或深层次的动机、特质等深刻地影响其绩效。由于缺乏有效的工具，当前对这个领域的探索更多的是一些实战经验体会，未能形成关于商业银行核心岗位的软实力的可信标准，未能从实证的角度对此提出被业界信服的行业标准。因此，开展聚焦于银行核心岗位软实力任职标准的研究和应用至关重要。

二、我们做了什么

以提升民族银行业管理水平为己任，我和我的团队站在行业的角度对商业银行核心岗位的软实力模型（胜任力模型）进行了为期七年多的系列研究。我们开展了对商业银行管理层（行长）以及前台、中台、后台核心岗位（个人客户经理、对公客户经理、产品经理、风险经理以及理财经理）的实证研究，构建了六大核心岗位的软实力胜任模型，形成了六大核心岗位的软实力任职标准。

　　我们的课题组得到了中国银行业协会和中国城市金融学会的支持。同时，在国家自然科学基金重点项目"转型经济下我国企业人力资源管理若干问题研究"（批准号70732002）和"企业经营者任职资格测评体系研究"（批准号70732036）等项目的资助下，研究工作历时七年多，通过在北京、广州、上海、西安、昆明等城市的商业银行的走访和问卷调查，收集各类相关资料、信息和数据（其中包括访谈录音资料、文本和问卷），运用行为事件访谈、问卷调查、数据统计分析等科学的研究方法，构建了"商业银行核心岗位软实力模型"。

　　虽然本人任职于中国工商银行（国内最大的银行以及全球市值最大的银行），但是我们的研究不局限于工商银行，我们有大量来自其他银行的被试，从而使本研究具有较强的代表性。在产、学、研相结合的基础上，我们以共同锻造银行业精英、促进民族银行业发展的国家责任感为使命，对课题组近期的实践探索进行整理，并进一步将其体系化后整理成册与业界共享。到目前为止，我们推出了"商业银行·赢在软实力系列丛书"（七本）。

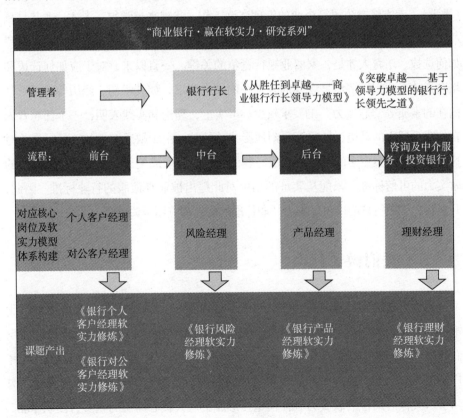

三、我们能帮您什么

本系列丛书具有以下特点。

特点之一：本丛书构建了基于商业银行核心岗位的软实力任职标准，剖析了商业银行核心岗位任职者软实力的提升路径，推动现代商业银行向高绩效的"旗舰型"组织转型。

特点之二：本丛书每一项软实力素质词条均配备了有针对性的真实案例，让广大读者能够理论联系实际，进行实战演练，真正做到学以致用。在案例的编写上，采用"软实力素质词条、案例、相关知识链接"的三段式结构，由点到面，由浅入深，将实证性与理论性有机结合，使得本丛书具有较强的实用性。

所以，我们的研究成果以及本丛书可以从以下方面帮到您。

"商业银行·赢在软实力系列丛书"能够帮您做什么？	
银行核心岗位	《从胜任到卓越——商业银行行长领导力模型》
	《突破卓越——基于领导力模型的商业银行行长领先之道》
	《银行个人客户经理软实力修炼》
	《银行对公客户经理软实力修炼》
	《银行风险经理软实力修炼》
	《银行产品经理软实力修炼》
	《银行理财经理软实力修炼》
关键词	银行核心岗位；软实力胜任标准；案例分享；榜样引领，典型成长；标准刻画；银行从业人员入职考试以及商业银行培训绝佳的辅导教材
目前的任职者	榜样学习，提升绩效
未来的银行"明日之星"	体验学习，入行导引。银行从业人员资格考试的软性辅导材料
银行管理者及人力部门	标准搭建，典型引领
银行培训体系	核心岗位培训的绝佳辅导教材
高校学者及学生	建模参考，量化论证
其他爱好人士	行业共享，管理无界

本丛书的形成以及最后出版得到了许多前辈、领导、同业朋友的支持与帮助，在此，特向所有关心帮助过课题组以及本丛书出版的朋友们表示最衷

心的感谢与最崇高的敬意！尤其是特别感谢中国工商银行总行侯本旗总经理、王云桂总经理，广东分行沈晓东行长、刘刚行长以及广东分行营业部李志鹏总经理等。本丛书是集体智慧的结晶，来自中山大学、南京大学和华南师范大学的金融管理学、管理心理学研究团队也参与了本书的编写工作，在此一并感谢！

本丛书的出版旨在与业界进行互动与交流，通过商业银行核心岗位软实力标准体系建设以及人员素质提升，共同推动民族银行业的进步与发展。在本丛书写作过程中，前人的研究成果发挥了重要的参考价值，本丛书已经在参考文献部分标注。如有个别因出处不详的文献未能清晰标注，敬请谅解。在此，再次向被引用的文章的作者表达最深的敬意！本丛书虽然是作者多年管理实践及研究心血所成，但是，由于作者的水平有限，书中不妥之处，敬请读者批评指正。

最后，我要感谢家人一直无私的关怀和支持！师长、亲人、同事、朋友们的支持与帮助是本丛书得以出版的力量源泉，在此，向各位曾经关心、帮助过本丛书出版工作的朋友们再次表示最衷心的感谢与诚挚的祝福！

于加拿大多伦多大学

目　录

下篇　商业银行对公客户经理软实力模型的应用

上篇

商业银行对公客户经理软实力模型成功破土而出

第一章　什么是商业银行
对公客户经理软实力模型

本章提要　对公客户经理是商业银行负责对公业务的主力军，他们的业绩表现在某种程度上直接决定了商业银行发展及变革的成败。因此，采用什么标准来选拔和培育商业银行对公客户经理成为银行利益相关者关注的焦点。基于此，黄勋敬博士所带领的课题组历经七年多的长期追踪式探索研究（整个研究中，前后历经三次较大规模的问卷调查，参与研究的对公客户经理被试超过1000人），终于构建起"商业银行对公客户经理软实力模型"，打造形成了对公客户经理的软实力胜任标准，可为商业银行对公客户经理的选拔、培育、绩效发展及职业生涯规划提供专业化的参考，帮助锻造卓越的对公客户经理，促进民族银行业的发展。本章对"商业银行对公客户经理软实力模型"进行了全景式的介绍。

商业银行客户经理制最早产生于20世纪80年代初西方经济发达国家，它是金融市场发展到一定阶段、诸多环境交汇之下的必然产物。客户经理制是现代商业银行在开拓业务经营中建立的以客户为中心，集推销金融产品、传递市场信息、拓展客户于一体，为客户提供全方位服务的一种金融服务方式。它的产生推动了现代商业银行在金融管理制度上的创新与经营理念的提升，推动了现代商业银行为客户提供金融产品和金融服务方式的重大变革，推动了现代商业银行人力资源管理体制的变革，是现代商业银行获取竞争优势的重要法宝。

随着我国经济、金融体制改革的不断深化，我国商业银行面临的竞争环境也越来越复杂多变。如何满足客户不断增长的金融服务需求，如何真正贯彻"以客户为中心,以市场为导向"的价值理念已经成为各家商业银行所面临的共同课题。商业银行客户经理在银行内扮演着重要角色,其主要工作职责在于根据市场变化和银行的工作要求,积极主动地寻找客户、评价客户,向客户推荐和营销适当的产品,联合银行内各专门团队为客户提供高水准的金融服务,实现银行与客户的"双赢"。个人金融业务与对公金融业务是商业银行两类最主要的服务项目,由此形成了相应的个人客户经理和对公客户经理。其中,对公业务以企业法人、单位等客户为主体,围绕公存账户开展各类支票、汇兑、贷款等业务。对公业务是目前许多中资商业银行的主营业务,其发展的好坏对商业银行整体绩效起着决定性的影响。

对公客户经理作为商业银行对公客户拓展和维护工作的主力军,他们能否胜任其职务,能否在其岗位上作出高水平的业绩,在某种程度上直接决定了商业银行对公业务乃至整个银行转型与发展的成败。因此,优秀的对公客户经理一直是商业银行间人才争夺战的焦点,而如何选拔和培育合适的对公客户经理成为各商业银行面临的重要难题。实践表明,构建岗位软实力模型,形成软实力胜任标准体系无疑是一种有效的路径。在商业银行当前对公客户经理选拔与培育实践中,往往通过看候选人硬实力来选拔。所谓硬实力是指候选人的学历、资历以及过往业绩等直观可现的条件。然而,理论研究与实践表明,光具备硬实力的对公客户经理,其实际业绩并不一定优秀。一些做得好的对公客户经理之所以优秀,是因为他们具备了对公客户经理潜在的软实力。对公客户经理的岗位任职软实力模型是指商业银行对公客户经理岗位任职者所需具备的软性素质的集合,包括任职者的个性特征、自我形象、动机等。鉴于此,构建商业银行对公客户经理的软实力模型、明确该岗位的任职软实力标准对于商业银行的经营与发展意义重大。为此,本课题组历经七年多的长期跟踪式量化实证研究,终于构建起商业银行对公客户经理软实力模型,打造形成了对公客户经理软实力胜任标准,可为商业银行对公客户经理的选拔、培育、绩效发展及职业生涯规划提供专业的参考。

本研究所建构的"商业银行对公客户经理软实力模型"包括 20 项软实力,其中基准性软实力有 10 项、超越性软实力有 10 项。基准性软实力(Threshold Soft Power),即对公客户经理的门槛型软实力,是指作为一名合格的对公客户经理其工作需要的基准软实力,这类软实力是对公客户经理的基本要求，属于合格性软实力。超越性软实力（Differentiating Soft Power），是对对公客户经理的工作绩效有较强的预测能力和区分能力，据此能够区分出绩效优秀的对公客户经理和绩效普通的对公客户经理。实证研究结果表明，绩效优秀的对公客户经理之所以优秀，除了因为他们已经具备基准软实力外，更是因为他们具备了许多优秀的软实力素质要求。表 1.1 对每个软实力的含义予以说明。

表 1.1　　　　　　　　商业银行对公客户经理软实力模型

基准性软实力（10 项）	沟通能力	职业操守	风险意识
	团队精神	公关能力	学习能力
	服务意识	专业知识	责任心
	信息搜集		
超越性软实力（10 项）	知识面宽	风险驾驭	市场洞察力
	协调能力	应变能力	成就导向
	分析判断	创新能力	积极主动
	团队领导		

一、对公客户经理基准软实力（T 系列）素质要求

对公客户经理基准性软实力是门槛类胜任特征，是每名对公客户经理在工作中所必需的最基本的素质（常识或基本技能）。一般情况下，它是不能区分绩效优秀对公客户经理与绩效普通对公客户经理的。

（一）沟通能力（T1）

对公客户经理的沟通能力具体可解释为倾听和准确地理解他人的感受、需要和观点，并作出恰当反馈的能力。作为客户经理不仅需要专业的知识和技能，更需要有与他人沟通的能力。如果无法与客户进行有效沟通并建立良好关系，那么必然无法胜任客户经理岗位。因此，从事客户经理工作必须具备沟通能力。在实际工作中，客户经理应具有通过良好的沟通技巧和合适的沟通方式与内外部客户进行有效的信息传递，并与客户建立良好关系的能力。

（二）职业操守（T2）

具备职业操守是对一名对公客户经理的基本要求。职业操守是指人们在从事职业活动中必须遵从的最低道德底线和行业规范，它既是对从业人员在职业活动中的行为要求，又是个体对社会所承担的道德、责任和义务。商业银行对公客户经理应自觉遵守银行规定，保守商业机密，对内合规，对外守法，讲究职业修养。

（三）风险意识（T3）

风险意识是指对公客户经理具备一定的风险管理意识，能够有效识别、衡量和防范市场风险、道德风险、操作风险等对公金融业务常见风险。风险是"未来结果的不确定性或损失"。如果对公客户经理在工作中能有效识别可能发生的风险，并作出合理的判断，将有助于防范风险、避免损失，从而保护银行和客户的利益。风险意识软实力特征的核心要著是：对公客户经理是否具备有效识别不同形式风险的意识和能力，并能否采取恰当措施规避风险。

（四）团队精神（T4）

团队精神是指客户经理在工作中，能够对同事予以信任与认可，注重团队士气，崇尚合作精神。团队意识是凝聚整个组织的核心力量，一位客户经理只有具备这种意识，才能调动同事的积极性和主动性，挖掘他们的潜力，才能够使组织中的资源得到最优化的利用，并产生高绩效。

（五）公关能力（T5）

公关能力是指客户经理能够协调和处理好与客户、政府等方面的关系；加强与它们的联系，并能够利用好这些关系来拓展业务或者为工作提供方便。处于激烈市场竞争中的商业银行必须处理好与市场主体即股东、客户、政府等利益相关者的关系，才能为自身的发展争取更多的机会。

（六）学习能力（T6）

学习能力是指客户经理能够以最快捷的速度、最有效的形式获取准确的知识和信息，它是阅读能力、理解能力、分析能力、思维能力等各种能力的有机统一体。除此之外，更重要的是要把学习到的知识学以致用。在当今"变是唯一不变的主题"的年代，知识和有效经验的生命周期大幅缩短，这就要求客户经理必须"随需应变"，要不断进行有效的、积极的、主动的学习。

（七）服务意识（T7）

服务意识是指对公客户经理以客户为中心，把为客户服务当成自己的责任，能够及时发现并满足他们的需要。银行间的竞争取胜最终要靠银行的服务质量和效率，而客户经理是向客户展示银行服务的重要窗口，因此客户经理的服务意识关乎银行能否满足客户的需求进而赢得市场和客户，关乎商业银行的核心竞争力。对公客户经理在服务客户时是否能够认识服务的重要性、是否能够主动、是否能够满足客户的需求成为关键。作为商业银行的客户经理，必须具备服务意识，这样才能够胜任这个岗位的要求。

（八）专业知识（T8）

客户经理必须具有银行经营及管理过程中需要的金融、经济、法学、管理学、心理学等各个方面的知识，同时，能够从银行经营与管理实践中总结出有价值的经验。银行经营的理论知识是客户经理决胜商场的根基，当今银行面临的社会、经济、技术及经营管理问题越来越复杂，解决金融问题需要相关知识的支持。另外，银行从业经验可以帮助商业银行客户经理更深刻地感受经济政策和市场情况，减少发生风险的可能性。

（九）责任心（T9）

责任心是一个人的品质的重要组成部分，作为对公客户经理，必须有对组织高度的责任心，这样才能够脚踏实地地做好工作，推动银行业务的发展。有责任心的对公客户经理能够充分发挥主人翁精神，认真负责、诚实可靠，常会为团队的成功付出额外的努力。

（十）信息搜集（T10）

信息搜集是指对公客户经理能够从各种纷繁复杂的信息中选择自己需要

的信息，并且能够有效地处理信息使其为自己所用，以此来作出决策和判断。现代商业银行以信息技术为支撑，信息技术已经成为银行发展的第一生产力。客户经理只有具备了这种能力，才能及时有效地把握和处理利用好相关信息，为自己和工作需要所用。

二、优秀对公客户经理软实力（D系列）素质要求

优秀对公客户经理软实力是指能够将优秀与普通绩效区分的软实力，它强调软实力是个体的潜在特征，是个体个性中深层和持久的部分，它能够有效预测未来工作绩效，如果某一特征不能预测优异绩效的话，它就不是软实力。绩效优秀的对公客户经理之所以优秀，是因为其不仅具有基准性软实力，还具有超越性软实力。

（一）知识面宽（D1）

知识面宽是指对公客户经理不仅熟悉金融、经济、法律、管理等知识，而且具有广泛的能够促进客户关系和业务发展的知识和经验。对公客户经理不仅应具备扎实的专业技能，还要能够了解更广泛的经济、法律等各方面的相关知识。实践表明，信息量大、知识面宽的对公客户经理将能够更好地帮助客户解决实际问题，促进业务的跨越式发展。

（二）风险驾驭（D2）

风险驾驭是指对公客户经理具备一定的风险管理意识，能够有效识别、衡量和防范市场风险、道德风险、操作风险等对公金融业务常见的风险。风险和收益总是相伴而行，如果对公客户经理对风险有深刻的认知，将有助于通过智慧的认知、理性的判断，继而采取及时而有效的防范措施规避损失，从而找到风险和收益的平衡点，那么不仅能规避风险保护银行和客户利益，甚至能在风险中寻求新的机遇。这要求对公客户经理能够有效管理风险，对风险进行有效预测，并采取恰当措施规避风险。

（三）市场洞察力（D3）

市场洞察力是指对公客户经理密切关注市场动向，通过对市场变化中反

映出来的现象、数据等信息进行分析提炼，辨别形势，作出判断决策的能力。具备市场洞察力的对公客户经理能够通过市场分析，更好地认识市场的变化、发现市场的机会，从而采取正确的营销策略，满足客户需求，提高工作绩效。这个特征主要考察对公客户经理对于市场的关注度，能否及时分析市场的变化，把握客户的需求，并作出针对性地调整，为促进工作业绩提供支持。

（四）协调能力（D4）

协调能力是指对公客户经理在工作中善于协调银行内外部多方关系，促成相互理解，获得支持与配合，促进业务的发展。商业银行的竞争就是对客户的竞争。如果对公客户经理具备良好的公关协调能力，能正确处理组织内外各种关系，能与客户建立良好的关系，将为银行的正常运转创造良好的条件和环境，从而促进银行目标的实现。这个特征主要考察对公客户经理处理银行内外部各种关系的能力，以及能否与内外部客户建立良好的关系。

（五）应变能力（D5）

随着市场竞争的加剧，对公客户经理将面临更多复杂问题和突发事件。对此，只有具备良好的应变能力，方能妥善处理，顺利渡过难关，完成工作目标。应变能力是指客户经理在遇到计划外事件或者突发情况时，能够灵活、妥善地处理好事情，达成工作目标。这个特征主要考察对公客户经理在面对复杂情况或突发事件时，能否灵活应对，作出恰当处理。

（六）成就导向（D6）

成就导向是指对公客户经理在工作中对成功具有强烈的渴求，设定较高目标，积极主动，能够承受困难与挫折，完成挑战性的任务，在工作中实现自我价值。具有成就导向的对公客户经理，在工作中往往愿意从事具有挑战性的任务，不断地为自己设立更高的标准，努力不懈地追求事业上的进步。因此，具有成就导向的客户经理通常能更好地完成工作或达到优秀的绩效。

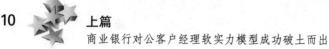

（七）分析判断（D7）

分析判断是指运用给出的信息和已掌握的综合知识，通过理解、分析、综合、判断、归纳等过程，对事物间的关系以及事件的走向趋势作出合理的判断与分析，确定解决问题的途径和方法。

（八）创新能力（D8）

客户经理通过对各种要素的重新组合和创造性变革来创造或引进新的服务项目，开拓新业务领域，找到新的业务增长点，维持或获取更多的市场份额。创新是商业银行的灵魂，是银行维持生存力、竞争力的源泉。

（九）积极主动（D9）

客户经理主动采取行动迎接眼前的挑战或提前面对未来的机遇和挑战。在面对挑战追求卓越的过程中，客户经理主动采取行动能够促使其更好地把握机遇，有助于更好地完成目标，促使银行不断发展。

（十）团队领导（D10）

对公客户经理不仅要充分发挥个人魅力进行单打独斗，更多的时候要依靠团队，通过团队的合力来实现目标。因此，团队领导软实力也是对公客户经理做好工作应具备的重要素质。团队领导软实力要求对公客户经理能够从宏观的、领导者的角度着手，激发所有的团队成员为实现有价值的目标而努力工作，同时帮助团队成员提高业务能力，解决团队成员遇到的各种问题，营造积极向上的工作氛围，鼓励团队成员围绕团队绩效自觉开展工作，提高团队绩效水平。

三、商业银行对公客户经理独特软实力具备的条件

本研究运用行为事件访谈法（BEI），通过实证研究和分析在国内首度构建了"商业银行对公客户经理软实力模型"，将对公客户经理的软实力概念化。为了进一步明晰商业银行对公客户经理所需要的软实力，我们专门进行

了相应的分析。

（一）对公客户经理主要职责对应所需要的软实力要求

一般来说，商业银行对公客户经理的主要职责包括业务拓展和对公客户管理，以及日常的部门管理等方面，其所对应的软实力要求也有所不同，具体见图1.1。

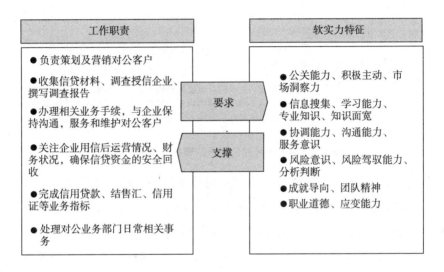

图1.1 商业银行对公客户经理软实力特征与具体工作职责对应图

（二）商业银行对公客户经理特殊软实力的要求

那么，同一般的企业管理者相比，商业银行对公客户经理的能力要求有什么特别之处呢？为此，我们专门进行了对比分析。

商业银行对公客户经理软实力模型与一般的管理者的软实力模型相比较，具有以下特征上的差异：知识面宽、风险驾驭、市场洞察力、协调能力、应变能力、成就导向、服务意识、分析判断、创新能力、积极主动、团队领导。

这在一定程度上体现了我们软实力模型的初步设想，也就是要针对具体的岗位建立软实力模型，体现出岗位的特殊性（见图1.2）。

从行业属性来看，商业银行对公客户经理软实力模型因其所处银行业的独特性而具有明显的行业素质要求：风险意识、风险驾驭、信息搜集、市场洞察力和专业知识。这在一定程度上是由于金融市场瞬息万变，不仅要求对

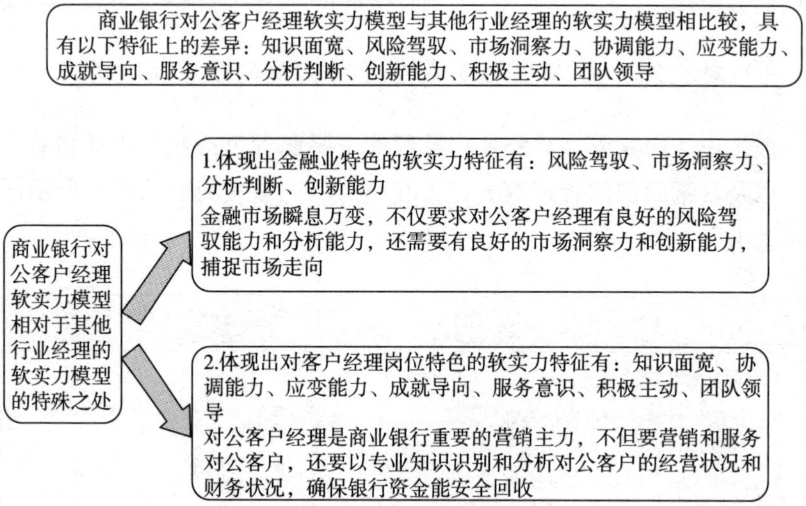

商业银行对公客户经理软实力模型与其他行业经理的软实力模型相比较，具有以下特征上的差异：知识面宽、风险驾驭、市场洞察力、协调能力、应变能力、成就导向、服务意识、分析判断、创新能力、积极主动、团队领导

商业银行对公客户经理软实力模型相对于其他行业经理的软实力模型的特殊之处

1.体现出金融业特色的软实力特征有：风险驾驭、市场洞察力、分析判断、创新能力

金融市场瞬息万变，不仅要求对公客户经理有良好的风险驾驭能力和分析能力，还需要有良好的市场洞察力和创新能力，捕捉市场走向

2.体现出对客户经理岗位特色的软实力特征有：知识面宽、协调能力、应变能力、成就导向、服务意识、积极主动、团队领导

对公客户经理是商业银行重要的营销主力，不但要营销和服务对公客户，还要以专业知识识别和分析对公客户的经营状况和财务状况，确保银行资金能安全回收

图 1.2　商业银行对公客户经理的独特素质要求

公客户经理有良好的风险驾驭能力和信息搜集能力，还需要有良好的市场洞察力才可以更好地发现市场机会，从而采取正确的营销策略，满足客户需求；从岗位属性来看，体现出对公客户经理岗位特色的软实力特征有：服务意识、应变能力、沟通能力、成就导向、公关能力、知识面宽。对公客户经理不仅需要具备良好的公关能力和服务能力，能正确处理银行内外各种关系，还要掌握丰富的金融、法律等知识，以解决客户的问题。这符合构建软实力（胜任力）模型的初衷，即要针对具体的岗位建立软实力（胜任力）模型，体现出岗位本身的特殊性。当然，这些独特素质要求并不意味着其他行业的客户经理不需要这些素质，只是因为银行这一金融企业的独特性而对对公客户经理有特别的要求。

四、什么是商业银行对公客户经理软实力特征群

在本书中，软实力模型即为岗位胜任力模型。根据 Spencer 关于胜任力的分类（Spencer，1993），把表 1.2 中对公客户经理软实力模型中包含的诸多软实力，划分为五类对公客户经理软实力特征群，依次为成就特征、服务特征、个人特征、管理特征、认知特征。这些软实力群和它们所包含的具体的软实

力，共同构成完整的商业银行对公客户经理软实力模型（见表1.2）。

表1.2　　　　　　　　商业银行对公客户经理软实力特征群

特征群	软实力
成就特征	积极主动、创新能力、成就导向、学习能力
服务特征	沟通能力、服务意识、应变能力、协调能力、公关能力
个人特征	责任心、职业操守
管理特征	市场洞察力、团队精神、团队领导、风险意识、风险驾驭
认知特征	分析判断、知识面宽、信息搜集、专业知识

　　一个完整的软实力模型体系，除了包括具体的软实力外，还应该包括软实力的定义、核心问题、水平分级、行为描述和行为样例等几个部分。因此，本书将在后面的章节对此进行详尽论述。

　　在介绍了商业银行对公客户经理软实力模型后，相信读者一定会对这个的产生过程感兴趣，因此，本书第二章将对此进行详细介绍。当然，对建模过程不感兴趣的读者可以直接跳到第四章或第五章，在那里将有大量生动活泼的真实案例，相信能够帮助读者找到成长为卓越对公客户经理的路径。

第二章　商业银行对公客户经理软实力模型构建

本章提要　本章首先分析了构建"商业银行对公客户经理软实力模型"的意义和价值，然后在介绍软实力模型的定义和概念的基础上，重点对构建"商业银行对公客户经理软实力模型"的过程进行了阐释。在金融同业的大力支持下，课题组通过对商业银行绩效优秀对公客户经理与绩效普通对公客户经理关键行为特征的分析，辨别出高绩效对公客户经理所具备的软实力，建构起"商业银行对公客户经理软实力模型"，该模型可为商业银行对公客户经理的选拔、绩效考核、培育及职业生涯规划提供专业化的参考。

一、为什么要构建商业银行对公客户经理软实力模型

（一）商业银行的转型使对公客户经理选拔与培育面临新挑战

商业银行是国民经济的命脉，是政治稳定的"晴雨表"，商业银行经营的好坏直接关系国计民生。纵观商业银行的发展史，商业银行的竞争突出表现在人才之间的竞争。从某种意义来说，成功的银行背后必然有一支能征善战的队伍。因此，现代商业银行的人才竞争归根结底是高素质的人才队伍，尤其是营销服务队伍的竞争。面对全球经济一体化的冲击，面对竞争激烈的金融市场，中资商业银行急需一大批优秀的客户经理来引领中资商业银行的市场争夺战，确保在市场竞争中赢得主动。因此，深化中资商业银行机制改革，打造一支富有战斗力的职业化营销队伍是当务之急、时不我待。

银行业是一个高风险、高智商的行业，行业特性要求从业人员具有较高的

职业道德水平和专业素质，而对对公服务提供者的商业银行对公客户经理的要求则更高。为了满足这种高要求，客户经理必须走职业化之路。职业化是现代管理的一大趋势，无论是职业政治家、职业军人、职业经济学家，或者是职业医生……"职业"二字不但象征身份，也象征学识、阅历、专业。作为商业银行零售业务的营销者，对公客户经理的随机型任职现象也将逐步被职业化的任职所取代。职业化的核心是什么呢？在笔者看来，是以此为生，精于此道。

　　随着中资商业银行的转型与发展，商业银行对公客户经理的生成机制也将随之发生变化。如何在职业化背景下更科学地选拔和培育合适的对公客户经理成为摆在商业银行面前的重要课题。然而，在商业银行当前对公客户经理选拔与培育实践中，往往过分看重候选人的硬实力。所谓硬实力是指候选人的学历、资历以及过往业绩等直观可现的条件。但是，从实践来看，有些硬实力很强的对公客户经理，其实际业绩并不一定都优秀。业绩好的对公客户经理之所以优秀，是因为他们具备了对公客户经理潜在的软实力。对公客户经理的岗位任职软实力模型指商业银行对公客户经理岗位任职者所需具备的软性素质的集合，包括任职者的个性特征、自我形象、动机等。鉴于此，从实证量化研究的视角构建商业银行对公客户经理的软实力模型，明确该岗位的任职软实力标准对于商业银行的经营与发展意义重大（见图2.1）。

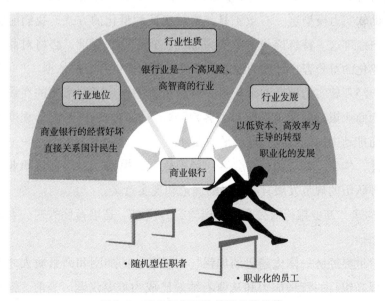

图2.1　商业银行面临的职业化挑战

（二）构建商业银行对公客户经理软实力模型的重要意义

鉴于我国银行业的行业特殊性以及对选拔和培育优秀对公客户经理的迫切需要，黄勋敬博士所带领的课题组对"商业银行对公客户经理软实力模型"进行了七年多的系统研究。课题组借鉴软实力模型的成熟理论，通过科学的范式构建起"商业银行对公客户经理软实力模型"，明确了对公客户经理选拔的软实力标准，并在此基础上编制形成了对公客户经理软实力胜任水平测评工具，从而为科学地测评、选拔、考核与培训对公客户经理提供了专业化的依据，帮助促进民族银行业管理水平的提升。

1. 构建"商业银行对公客户经理软实力模型"是打造对公客户经理选拔与培育软实力标准的必由路径

一直以来，对于应如何选拔和培育商业银行对公客户经理，我们更多的是看候选人外在硬件要求，如其学历、经历等，而对其内在的素质等软实力的要求较少。事实上，理论和实践表明，一个任职者内在的或深层次的动机、特质等深刻地影响其绩效。目前，由于缺乏有效的工具，当前对这个领域的探索更多的是一些对公客户经理的实战经验体会，未能形成关于对公客户经理的软实力的可信标准，未能从实证的角度对此提出被业界信服的行业标准。

借助软实力模型这一有效工具，通过实证和量化的方式，我们能够构建对公客户经理这一特殊岗位的软实力标准。有了这一标准，必将对商业银行进行职业化的对公客户经理的甄选、考核与培训提供有力的依据。"商业银行对公客户经理软实力模型"形成后，课题组着手构建了网络化的在线测评系统，这为商业银行科学地选拔对公客户经理，提高人、岗匹配的程度提供借鉴，从而推动中国银行业管理水平的提升。

因此，构建"商业银行对公客户经理软实力模型"对于促进职业化对公客户经理队伍的规范发展具有积极的理论和现实意义。

2. 构建"商业银行对公客户经理软实力模型"是培育优秀对公客户经理的必由路径

随着世界经济一体化趋势的加强、市场竞争的加剧和高素质人才的供不应求，提高银行的管理能力和从业者绩效已成为重要议题。当前，银行的竞争能力在很大程度上体现在其从业者人力资源素质的高低。因此，通过构建适合银行业的软实力模型，明确银行各类核心岗位的软性素质要求，员工将能够明晰自身的努力方向，学习提升软实力的核心思想和技能，进而自发培育组织所需要的核心竞争力，最终实现组织与员工的"双赢"。对于对公客户经理来说，有了软实力任职标准，就有了通往优秀业绩的路径，它将帮助对公客户经理成长为一名优秀的职业化的从业者。

3. 构建"商业银行对公客户经理软实力模型"是丰富商业银行管理科学化研究的必由路径

由于银行业的行业特殊性及对公客户经理取样的困难性，目前国内对商业银行对公客户经理的软实力模型的实证研究相对较少。因此，本课题立足于将行为金融学、管理学和现代人力资源管理等理论应用于银行业的实践，从而弥补我国在商业银行对公客户经理这一特殊领域的研究相对薄弱的现状，在一定程度上丰富国内在这个领域的研究，推进我国商业银行管理科学化研究。

二、什么是软实力模型

（一）软实力的定义

软实力（Soft Power）是一种能力，它能通过吸引力而非威逼或利诱达到目的，是一国或一个组织综合实力中除传统的、基于军事和经济实力的硬实力之外的另一组成部分。美国哈佛大学教授约瑟夫·奈是最早提出这一概念的人。这一概念的提出，明确了软实力的重要价值，将它提高到了与传统的硬实力同等甚至比其更为重要的位置——正如约瑟夫·奈所言，"硬实力和软实力同样重要，但是在信息时代，软实力正变得比以往更为突出"。围绕软实力的一系列研究，明示人们以一种新型、全面和平衡的发展路径，在提升各级主体综合实力问题上启迪着人们的新思维。

对于岗位任职者来说，除了需要具备该岗位所必需的硬实力之外，更需要具备相应的软实力才能在本岗位实现从胜任到卓越的过渡。谈到岗位任职软实力，我们不得不提一个与此紧密相连、完全等价的概念，那就是"Competency"（胜任力或胜任素质）。胜任力是指动机、特质、自我概念、态度或价值观、某领域的知识、认知或行为技能——任何可以被可靠测量的，并且能够将表现优秀者和一般者区分开来的个体特征。胜任力的研究由来已久，麦克米兰博士对于胜任力的研究作出了开创性的贡献。基于对美国外事局甄选驻外联络官（Foreign Service Information Officers，FSIO）选拔的研究，1973年，麦克米兰博士开创性地发表了"Testing for Competence Rather Than for 'Intelligence'"一文。在该文中，麦克米兰博士批评了当时美国普遍应用智力测验、性向测验和学术测验来预测工作效绩，并以此作为选拔考核标准的状况，提出了"Competency"这个概念，并提出应该以"Competency"作为选拔考核的标准。对于"Competency"，中文翻译有很多种，如胜任力、胜任素质特征、素质等。胜任力研究是一种基础研究，它是选拔、招聘、培训、绩效考核等模块的基础。

在本书中，岗位软实力定义是指一些能把表现优异者和表现平平者区分开来的潜在的、较为持久的软性特征，能使人更好工作的潜在特质，包括在工作情景中员工的价值观、动机、个性或态度、技能、能力和知识等关键特征。可见，从岗位任职的角度来看，岗位软实力与岗位胜任力是等价的[①]。软实力是驱动员工产生优秀工作绩效的各种个体特征的集合，反映的是可以通过不同的方式表现出来的知识、技能、个性与内驱力。它是判断一个人能否胜任某项工作的起点，是驱动并区分绩效好坏差异的个人特征的总和。

（二）软实力模型的定义

软实力模型（Soft Power Model）是指岗位任职者所需具备的软性素质的集合，包括任职者的个性特征、自我形象、动机等。岗位软实力模型又称为胜任力模型（Competence Model），都是指为完成某项工作，达成某项绩效目标所具备的一系列不同胜任特征要素的组合，包括不同的动机表现、个性与品质要求、自我形象与社会角色特征以及知识与技能水平。这些行为和技能必须是可衡量、可观察、可指导的，并对员工的个人绩效以及企业的成功产生关键影响（Spencer，1993）。软实力模型主要回答两个问题：完成工作所需要的技能、知识和个性特征是什么，以及哪些行为对于工作绩效和获取工作

---

①　鉴于都强调对岗位任职者的软性素质要求，因此，在本书中，岗位"软实力"与"胜任力"，岗位"软实力模型"与"胜任力模型"是等价概念，在本书可以互相代替。

成功来说是具有最直接影响的（Sanchez，2000）。

因此，本书定义的商业银行对公客户经理软实力模型指担任对公客户经理职务所需具备的软性素质的集合，即 $SM = \{SI_i, i = 1, 2, 3, \cdots, n\}$，$SM$ 表示软实力模型，SI 表示软实力项目，SI_i 即第 i 个软实力项目，n 表示软实力项目的数目。

（三）软实力模型的理论基础

与胜任力模型一样，软实力模型的理论基础是冰山模型（Iceberg Competency Model）和洋葱模型。如图 2.2 所示，各种软实力特征可以被描述为在水中漂浮的一座冰山。水上部分代表表层的特征，如知识、技能等；水下部分代表深层的软实力，如社会角色、自我形象、特质和动机，是决定人们的行为及表现的关键因素。又如图 2.3 所示：洋葱模型图最外面的是知识，代表最为表层的东西，也是最容易发展的部分；而最里面是核心人格，如动机、特质，这些特质相对稳定，是不容易变化和发展的。

技能：个人运用自身所掌握知识的方式和方法

知识：个人在一个领域内所掌握的信息总和

社会角色：个人呈现给社会的形象

自我形象：个人对自己的形象定位

个性特点：个人以一定的方式产生行为的性情和气质

动机：对行为不断产生驱动作用的需要和想法

图 2.2 冰山模型图

1. 个性

个性是指个人典型的稳定的心理特征的总和，表现出来的是一个人对外部环境和各种信息的反应方式、倾向和特性。它是包括个性倾向性（需要、

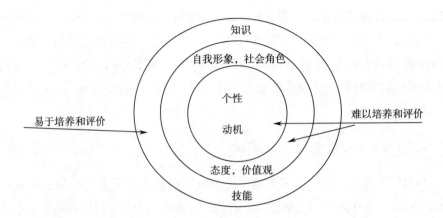

资料来源：Spencer, L. M. & Spencer, S. M. （1993）. Competence at Work：Models for Superior Performance. New York：Wiley.

图2.3　软实力洋葱模型

动机、兴趣、信念、理想和世界观等）和个性心理特征（气质、性格和能力等）的统一体。

2. 动机

动机是引起、维持和指引人们从事某种活动的内在动力，推动并指导个人行为方式的选择朝着有利于目标实现的方向前进，并且防止偏离。动机的强烈与否往往决定行为过程的效率和结果。比如，具有强烈成功动机的人常常会为自己设定一些具有挑战性的目标，并尽最大努力去实现它，同时积极听取反馈争取做得更好。

3. 自我形象

自我形象是指个人对于自身能力和自我价值的认识，是个人期望建立的某种社会形象。自我形象的形成是一个具有社会性和渐进性的过程，并且需要借着感知领域的不断同化和异化持续塑造。自我形象一经形成，有拒绝改变的倾向，如有改变，情绪也会随着发生改变。自我形象作为动机的反应，可以预测短期内有监督条件下的个人行为方式。

4. 社会角色

社会角色是指个体在社会中的地位、身份以及和这种地位身份相一致的行为规范。个人所承担的角色既代表了他对自身具备特征的认识，也包含了他对社会期望的认识。社会角色是建立在个人动机、个性和自我形象的基础上，表现为个人一贯的行为方式和风格，即使个人所在的社会群体和组织发生变化也不会有根本改变。

5. 价值观

价值观是指一个人对周围的客观事物（包括人、事、物）的意义、重要性的总评价和总看法，是决定人的行为的心理基础。价值观具有相对的稳定性和持久性，在特定的时间、地点、条件下，人们的价值观总是相对稳定和持久的。在同一客观条件下，对于同一个事物，人们由于价值观不同，就会产生不同的行为，并且将对组织目标的实现起着完全不同的作用。

6. 态度

态度是个体对客观事物所持有的一种持久而一致的心理和行为倾向，是自我形象、价值观和社会角色综合作用外化的结果，主要包括：（1）认知成分。即个人对人、工作和物的了解；（2）情感成分，即个人对人、工作、物的好恶，带有感情的倾向；（3）行为成分，即个人对人、工作和物的实际反应或行动态度。

7. 知识

知识是指个人在某一领域所拥有的陈述性知识和程序性知识。其中，陈述性知识是由人们所知道的事实组成，这些知识一般可以用语言进行交流，它可以采取抽象和意象的形式；程序性知识则是指人们所知道的如何去做的技能，此类知识很难用语言表达。

8. 技能

技能是指一个人结构化地运用知识完成具体工作的能力。技能是否能够产生绩效受动机、个性和价值观等软实力要素的影响。

一般情况下，在管理实践中，人们比较重视知识技能的考察，但是却往往忽视了自我概念、特质、动机等方面的考察；实际上知识、技能固然重要，但这仅仅是招聘选拔、培训和绩效考核的基本要求。如果需要清晰地区分绩效表现一般者和优秀者，还需要针对自我概念、核心的动机和特质等几个方面进行辨别，因为这些内核的部分长期、深刻、有效地影响着表层的内容，这也是用软实力方法比传统的智力测验更加有效的原因之一。

（四）几种常见的通用软实力（胜任力）模型

1982 年，Richard Boyatzis 对 12 个工业行业的公共事业和私营企业的 41

个管理职位的 2000 多名管理人员的软实力进行了全面分析，使用了行为事件访谈、图画——故事技术和学习风格问卷，得出了管理人员的软实力（胜任力）通用模型。他分析了不同行业、不同部门、不同管理水平的软实力模型的差异，提出管理者的软实力模型包括六大特征群：目标和行动管理、领导、人力资源管理、指导下属、关注他人、知识。在这六大特征群的基础上，Richard Boyatzis 具体阐释了 19 个子软实力特征：效率定向、主动性、关注影响力、判断性的使用概念、自信、概念化、口才、逻辑思维、使用社会权力、积极的观点、管理团队、准确的自我评价、发展他人、使用单向的权力、自发性、自控、自觉的客观性、精力和适应性、关注亲密的关系等。

前 Meber & Company 咨询公司总裁 Lyle M. Spenccr 曾于 1989 年对 200 多种工种进行了研究，试图发现管理人员普遍具有的工作软实力因素结构，他综合了 360 种行为事件，归纳出 21 项软实力因素。最后，他建立了包括技术人员、销售人员、社会服务人员、经理人员和企业家五大类的通用行业的软实力模型，每一个软实力模型包括 10 项左右的软实力特征因素。其中，企业家的软实力特征模型包括以下软实力特征因素：（1）成就欲：主动性、捕捉机遇、信息搜集、关注效率等；（2）思维与问题解决：系统计划、解决问题能力等；（3）个人形象：自信、专业知识等；（4）影响力：说服、运用影响策略等；（5）指导与控制：指导下属、过程控制等；（6）体贴他人：关注员工福利、发展员工等。为了更好地说明通用软实力模型，我们特别制作了表2.1 至表 2.5。需要指出的是：这些通用模型虽然具有一定的参考价值，但由于模型建构是基于国外的被试者的结果，因此，在我国的适用性仍需要进一步的验证。

表 2.1　　　　　　　　　企业家通用软实力（胜任力）模型

权重	软实力
6	成就欲、主动性、捕捉机遇、坚持性、信息搜集、质量与信誉意识
5	系统性计划、分析性思维
4	自信、专业经验、自我教育
3	影响力
2	指挥
1	发展下属、公关

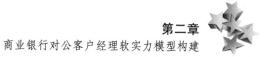
表2.2   经理人员通用软实力（胜任力）模型

权重	软实力
6	影响力、成就欲
4	团队协作、分析性思维、主动性
3	发展他人
2	自信、指挥、信息搜集、概念性思维、团队领导
1	权限意识、公关、技术专长

表2.3   销售人员通用软实力（胜任力）模型

权重	软实力
10	影响力
5	成就欲、主动性
3	人际洞察力、客户服务意识、自信
2	公关、分析性思维、概念性思维、信息搜集、权限意识
1	相关技术或产品专业知识

表2.4   专业技术人员通用软实力（胜任力）模型

权重	软实力
6	成就欲
5	影响力
4	分析性思维、主动性
3	自信、人际洞察力
2	信息搜集、技术专长、团队协作
1	客户服务意识

表2.5   社区服务人员通用软实力（胜任力）模型

权重	软实力
5	影响力、发展下属
4	人际洞察力
3	自信、自我控制、个性魅力、组织承诺、技术专长、客户服务意识、团队协作、分析性思维
2	概念性思维、主动性、灵活性、指挥

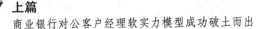

McClelland 领导的 Hay Group 公司基于 30 多年的软实力（胜任力）研究，利用遍布全球的分公司力量，建立了丰富的模型库，并不断完善。

在我国，关于软实力（胜任力）的研究虽然起步较迟，但已有不少研究者和政府机构及企事业单位开始此方面的研究和应用。

时勘、王继承（2002）运用行为事件访谈法对我国通信行业管理干部的软实力（胜任力）进行实证研究。研究结果表明，我国通信业管理干部的软实力模型包括 10 项软实力：影响力、社会责任感、调研能力、成就欲、驾驭能力、人际洞察能力、主动性、市场意识、自信、人力资源管理能力。这一研究得到了与西方管理人员大致相符的软实力模型，我国首次验证了软实力评价更能区分出优秀管理干部和一般管理干部。

时勘、仲理峰（2003）对我国家族企业软实力（胜任力）进行了实证研究，构建了通信行业和家族企业管理者软实力模型，包括权威导向、主动性、捕捉机遇、信息寻求、组织意识、指挥、仁慈关怀、自我控制、自信、自主学习和影响他人 11 项软实力特征。其中，权威导向、仁慈关怀是我国家族企业高层管理者独有的软实力。

王重鸣、苗青（2003）借助结构方程建构软件 AMOS ，通过编制管理综合素质关键行为评价量表，指出管理者软实力模型由管理素质和管理技能两个维度构成，但不同层次管理者具有不同的结构要素。正职的价值倾向、诚信正直、责任意识、权力取向等构成了管理素质维度；而协调监控能力、战略决策能力、激励指挥能力和开拓创新能力则构成了管理技能维度。对于副职来说，管理素质维度由价值倾向、责任意识、权力取向三个要素构成，管理技能维度由经营监控能力、战略决策能力、激励指挥能力三个要素构成。正、副职层次职位在管理软实力特征上形成差异结构，正职的战略决策能力更为关键，而副职的责任意识更为重要，同时，正职职位对诚信正直和开拓创新能力两个要素有更高的要求。

鉴于不同行业、不同岗位对软实力模型有不同要求，与行业紧密结合的软实力建模运动在国内也逐步开展起来了。在银行业，黄勋敬、李光远、张敏强（2007）构建了商业银行行长软实力（胜任力）模型（见表 2.6）。该模型同一般管理人员的软实力模型既有相似之处，也有独特性，充分反映了商业银行行长所从属的金融行业的特色。

表 2.6 商业银行行长软实力（胜任力）模型

行长组别	软实力		
鉴别性软实力	执行力	分析性思维	客户导向与市场意识
	资源配置意识	创新与开拓意识	组织协调和领导能力
	团队意识	公关能力	信息搜集
基准性软实力	风险意识	成本意识	正直诚实
	责任心	专业知识	培养下属
	明确的发展目标	学习能力	服务意识
	成就导向	沟通技能	遵守规则
	主动性		

为了考量模型的有效性，黄勋敬博士团队不仅采用焦点访谈法、问卷验证法进行验证，还在国内率先采用了绩效追踪研究法进行了验证，研究结果表明，本模型具有较好的信度和效度，能够有效区分绩效表现不同的行长（黄勋敬，2008）。

三、业界对软实力建模主要采用的方法

软实力建模方法等同于胜任力建模，这起源于 30 年前 McClelland 的研究工作。在此基础上，建模方法在各组织中得到进一步发展，从而衍生了许多方法。综合前人对软实力模型建模的研究，目前研究软实力建模的主要思路有三种。

第一，确定与组织核心观念和价值观一致的软实力（战略导向法）。这种研究思路揭示了冰山模型中的深层软实力，它是基于某一职业或专业所做的该职业所必需的职责和任务分析，主要是要建立绩效标准，然后采用职业分析方法，产生一个广泛的软实力清单。

第二，根据以往的成功经验和事例预测将来能否胜任工作（行为事件访谈法）。这种思路最典型的方法是行为事件访谈（Behavioral Event Interview，BEI）。这种方法源于 McClelland、McBer 公司、哈佛商学院等的研究（Klemp，1977；Spemcer，1983），目前被我国许多研究者和企业管理人员所采用。其具体步骤为确定效标与效标群组、实施 BEI 访谈、对访谈文本进行内容分析、进行访谈文本的编码、确定软实力模型。该方法在发现特定的软实

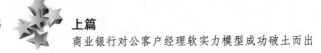

力要素、内容等方面都具有重要作用。

　　第三，根据行业关键成功因素（KSF）开发软实力模型（标杆研究法）。收集并分析研究其他同行业或同发展阶段的类似公司的软实力模型，通过小组讨论或者研讨会的方式，从中挑选适用于本公司的素质，形成软实力模型。

　　关于这三种方法各自的优缺点请详见表 2.7。

表 2.7　　　　　　　　　**企业构建软实力模型的三种方法**

方法	优点	缺点
1. 战略导向法 根据公司的战略进行逐步分解，通过小组讨论或者研讨会的方式得出针对某类员工的关键素质，并形成每个素质的定义和层级。	所建立的软实力模型能体现出未来战略的导向性和牵引性。 比较符合公司的现状，可以集中反映战略对人员的要求。	缺乏实际的行为数据来支撑软实力模型的有效性。 容易受到建模人员个人想法的影响，有一定的主观性。
2. 标杆研究法 收集并分析研究其他同行或同发展阶段的类似公司的软实力模型，通过小组讨论或者研讨会的方式，从中挑选适用于本公司的素质，形成软实力模型。	所建立的软实力模型具有广泛的适用性，可参考性高。 所有的素质经过分析、比较和研究后，相对来说较成熟，可操作性强。	所建立的软实力模型与其他公司共性过多，缺乏自己的特性。 没有本公司的实际行为数据来支撑软实力模型的有效性和适用性。
3. 行为事件访谈法 通过对大批人员进行行为事件访谈，收集不同类人员的行为数据，进行统计分析后得出关键素质，并形成软实力模型。	有充实的行为数据来支撑软实力模型的有效性，非常客观。 可以针对收集到的行为数据进行多方面的分析。	参与访谈人员有限，会造成样本量不足，影响分析的结果。

　　根据软实力（胜任力）的建模实践，业界普遍认为，以行为事件访谈法（BEI）为基础开发软实力模型是相对有效的模式。以行为事件访谈法为基础开发软实力模型使数据搜集的过程更加全面和准确，从而保证软实力结构的有效、合理并且是针对工作环境和职位特点的。这种软实力模型的构建方法在国内外都得到了认同，大量的研究都以此为基础来开发软实力模型。

　　McClelland 和 Boyatzis 开发了一个以行为事件访谈法为基础的软实力模型的开发程序。这一方法的要点是：研究对象集中在出色的业绩者，主要应用行为事件访谈法、访谈资料的主题分析法，将分析结果提炼为用行为性的专门术语描述的一系列软实力。此后，Spencer 在 McClelland 的基础上完善了软实力模型构建的方法，如图2.4所示。

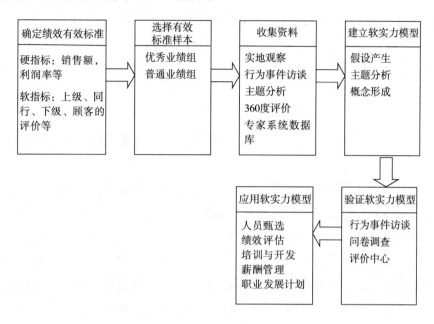

图2.4 基于行为事件访谈法的软实力建模流程图

通过行为事件访谈法来建立软实力模型的程序简要来说，一般包括以下步骤：

第一步，定义绩效标准。可以采用指标分析和专家小组讨论的办法，提炼出鉴别工作优秀的员工与工作一般的员工的绩效标准。这些指标应有硬指标，如利润率、销售额等；还必须有软指标，如行为特征、态度、服务对象的评价等。

第二步，选取分析样本。根据第一步确定的绩效标准选择适量的表现优秀的样本和表现一般的样本，并以此作为对比样本。

第三步，获取样本有关软实力的数据资料。有许多种方式，但一般以行为事件访谈法为主。行为事件访谈法是一种开放式的行为回顾式调查技术，一般采用问卷和面谈相结合的方式。通过这样的访谈，获得关于过去事件的全面报告，然后通过独立的主题分析，对导致绩效优秀和绩效一般的思想和行为进行整理归类，整合各自的结果，形成区分绩优者和一般者的关键行为。

第四步，建立软实力模型。对上述数据资料进行统计分析，找出两组样本的共性和差异特征，并根据存在区别的软实力构建软实力模型。

第五步，验证软实力模型。可以选择另外两组样本重复上面的第三步和第四步进行效度检验，也可以选择合适的效标对所得模型进行比较、评价。

第六步，应用软实力模型。将软实力模型应用于人员甄选、绩效评估、培训与开发、薪酬管理、职业发展计划等各项人力资源管理活动，并进一步在实践中验证。

四、商业银行对公客户经理软实力模型是怎样建构的

面对国内外各商业银行的竞争及经济金融危机对银行业的挑战，只有建立起"商业银行对公客户经理软实力模型"，才能确立对公客户经理选拔培训的软实力胜任标准，从而更好地发挥对公客户经理"开发客户，营销价值"的作用，促进银行的发展。为此，课题组经过大规模调查，通过对商业银行绩效优秀的对公客户经理和绩效普通的对公客户经理关键行为特征进行对比分析，辨别出高绩效对公客户经理所具备的软实力，构建起商业银行对公客户经理软实力模型。

（一）研究目的

通过对商业银行优秀对公客户经理及一般对公客户经理关键行为特征的分析，辨别高绩效对公客户经理具备的软实力，建构"商业银行对公客户经理软实力模型"。

（二）研究方法和步骤

1. 被试者

根据行为事件访谈的要求，先由专家小组确定效标样本的选择标准，然后提名参加行为事件访谈的优秀组人选和普通组人选。专家小组由金融学家、管理心理学和人力资源管理人员，以及在岗分支行客户经理等组成。绩效分组方法主要是客观的绩效测量和直接上级提名的方法。

根据标准，我们挑选了 41 名对公客户经理。其中，预研究 6 名客户经理，全部为高绩效客户经理。预研究的主要目的是进行行为事件访谈方法的练习，具体包括访谈实施的技术、录音文本的编码等。练习目标是研究小组

成员能够从客户经理的访谈文本数据中准确地识别出各种软实力的行为指标。正式研究中，有对公客户经理 35 名，其中高绩效客户经理 17 名、普通绩效客户经理 18 名。访谈者事先不知道被访谈人是优秀组还是普通组，被访谈人也不知道有这种划分，因此属于双盲设计。

2. 工具与材料

（1）录音用 MP3 四个

（2）客户经理软实力调查问卷

本研究通过发放该问卷向客户经理及其上级征求意见，提供他们对高绩效客户经理所应具备的软实力的看法。本部分共发放开放式问卷 135 份，要求被调查者就"作为一名合格对公客户经理需要具备哪些素质（包括专业知识、技能能力、个性、态度或其他）"发表意见。

（3）客户经理软实力核检表

在该核检表的生成过程中，我们参考了 Hay 集团编制的基本胜任力词典，黄泽娟、黄勋敬在《基于软实力模型的商业银行客户经理选拔体系探析》中提出的商业客户经理软实力，魏均、张德在《商业银行对公客户经理软实力模型研究》中提出的对公客户经理软实力，以及"大五"人格因素模型中的人格分类、MBTI 人格维度，并请教了有关专家，在充分讨论基础上形成。该核检表包含软实力 40 项。问卷采用五点评分形式，请被试者从中选出他们认为能够导致客户经理优秀绩效的 15 项软实力。

（4）商业银行客户经理软实力词典

为了保证编码词典的适用性，本研究中采用自编的商业银行客户经理软实力词典。该词典以客户经理软实力核检表调查得到的软实力为蓝本，同时参照了 Hay Group 公司的基本胜任力词典、黄勋敬在商业银行对公客户经理软实力模型研究中编制的商业银行对公客户经理软实力词典，并请教了有关专家，在充分讨论的基础上形成，并在对访谈文本进行编码的过程中，将访谈中涉及的新的软实力加入软实力词典，对编码词典进行补充。最终形成的商业银行客户经理软实力词典包含软实力 20 项，每项软实力由软实力名称、定义、相应的行为指标描述等构成。

（5）商业银行客户经理行为事件访谈提纲

该访谈提纲按照经典的行为事件访谈，即 BEI（Behavior Event Interview）的形式来设计，该研究方法由中国科学院时勘博士引进，并在国内经过反复验证得出是信度和效度比较高的方法之一。提纲的主体部分由被访谈者对其职业生涯中三个成功事件和三个不成功事件的描述组成，要求被访客户经理自我总结个人成功事件及不成功事件的原因及从中得到的启发与感受。

3. 方法

行为事件访谈法和核检表方法。核检表法采用自编的商业银行客户经理软实力核检表。

4. 步骤

第一步，行为事件访谈。

根据商业银行客户经理行为事件访谈提纲，由经验丰富的管理心理学和人力资源管理者对被试者进行了行为事件访谈，并对访谈内容进行录音。访谈采用单盲设计，即被访谈者只知道自己被选来进行访谈，并不知道在样本选取时的优秀或普通的区别。每人的谈话最长有 4 小时，最短有 1.5 小时，平均 2 小时。

对于接受访谈的被试者，要求他们分别描述在客户经理职业生涯中三件成功和三件失败的事情。访谈的过程在总体上按照 STAR 技术来进行，S（Situation that Existed）、T（Task or Problem to be Undertaken）、A（Action Taken by Yourself）和 R（Result What Happened）。

第二步，录音和问卷转换为文本材料。

访谈录音的内容被转录入计算机，校对内容后，整理成文本。访谈人转化他所访谈的被试客户经理的录音，然后对每个录音转录文本编号，并打印文本，最终产生提出概念化的软实力的原始数据，即 35 份访谈录音文本，共计 8 万多字。

第三步，基于文本进行软实力编码。

编码是在访谈文本中相应的行为事件后面写上软实力的名称以及等级。进行编码的两位研究者需要阅读所有的录音文本，对文本中的关键事件进行独立的主题分析，分析主要概念和思想，提炼出基本主题。之后根据前面的研究中形成的编码词典，辨别、区分各个事件中出现的软实力的行为指标，进行正式归类和编码。

第四步，数据统计与检验。

统计访谈文本中关键事件中被试者行为和言语的编码结果。统计的基本指标为文本的字数、各个软实力在不同等级上出现的次数、在各等级的分数、平均等级分数和最高等级分数。等级是指某一软实力在该软实力最小可觉差（Just Noticeable Difference，JND）量表中的大小值，它表示某个行为表现的强度或复杂程度。比如，根据商业银行对公客户经理软实力编码词典，某一被试者在"团队合作"分量表上的具体行为表现为：在等级1上出现2次，在等级2上出现1次，在等级3上出现3次，在等级5上出现4次，那么这一软实力发生的总频次就是2 + 1 + 3 + 4 = 10次；平均等级分数为3.3，即总分数/总频次；最高等级分数为5。然后对频次、平均等级分数、最高等级分数三个指标进行验证，对优秀组和普通组的每一软实力之间的差异进行比较分析。

同时，统计商业银行对公客户经理软实力核检表中各个软实力的频次及所占百分比。使用视窗版SPSS11.5对数据进行处理，对两个独立编码者得到的数据进行汇总、登录和统计，对优秀组和一般组在每一软实力出现的频次和等级的差异进行比较分析。将差异检验显著的软实力确定下来，并参考商业银行客户经理软实力核检表问卷调查结果，从而建立起商业银行对公客户经理软实力模型。

第五步，建立软实力模型。

根据访谈数据中高绩效组和低绩效组最高等级分数 t 检验结果，找出差异显著的软实力，并参照商业银行对公客户经理软实力核检表中的频次统计结果，确定对公客户经理的软实力模型。然后以统计分析结果为基础，汇集整理访谈文本中优秀组和普通组商业银行对公客户经理的关键行为，对每一维度作出描述性说明，完善并确定编码词典，形成商业银行对公客户经理软实力体系。

（三）结果与分析

为了确保各高绩效组和低绩效组的软实力差异不是由访问长度所造成的，我们先对高绩效组和低绩效组的访谈长度进行差异显著性检验。

1. 长度（字数）分析

对访谈字数的原始数据进行方差齐性检验，结果表明原始数据符合方差

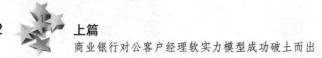

齐性假设。如表2.8所示，对公客户经理绩效优秀组访谈平均长度为2911.2字，绩效一般组访谈平均长度为2486.3字。在访谈长度上，绩效优秀组和绩效一般组在0.05水平差异不显著。

表2.8　　　　　　　　　不同绩效组访谈长度差异分析表

组别	绩效优秀组（$N=16$）		绩效一般组（$N=14$）		t	自由度（df）	显著性水平（P）
	平均值（M）	标准差（SD）	平均值（M）	标准差（SD）			
字数/字	2911.2	422.6	2486.3	365.2	1.561	31	0.104

2. 软实力评价法的信度分析

两个编码者按照商业银行客户经理软实力编码词典，对相同文本进行编码的一致性程度，是影响软实力评价法的重要因素，是编码可靠性、客观性的重要指标。本研究采用归类一致性，两位编码者编码的频次、最高分、平均分的相关来考察文本编码者之间编码结果的一致性，以确立软实力评价法的信度指标。

（1）归类一致性

归类一致性（Category Agreement，CA）是指评分者之间对相同访谈文本资料的编码归类中相同个数占总个数的百分比。它的计算公式是参照温特（Winter，1994）的动机编码手册来的。具体计算公式为

$$CA = 2S/(T_1 + T_2)$$

式中，S表示评分者编码归类相同的个数；T_1表示评分者1对某一材料的编码个数；T_2表示评分者2对同一材料的编码个数。表2.9显示了本研究中2名编码者对63份文本材料进行编码的归类一致性系数。

·归类一致性的值从0.457到0.955，总的归类一致性为0.744。Boyatzis和Burrus（1977）、Klemp（1977）等研究证实，受过训练的不同编码者其一致性介于0.74~0.80。在本研究中的总的归类一致性分别为0.743和0.786，是可以接受的。

表2.9　　　　两名编码者软实力编码归类一致性（对公客户经理）

材料编号	T_1	T_2	S	CA
1	16	20	13	0.722
2	15	23	14	0.737
3	18	17	16	0.914

续表

材料编号	T_1	T_2	S	CA
4	19	19	17	0.895
5	21	24	16	0.711
6	23	15	11	0.579
7	15	23	13	0.684
8	16	17	11	0.667
9	16	24	14	0.700
10	19	24	14	0.651
11	20	18	13	0.684
12	16	15	10	0.645
13	16	17	15	0.909
14	18	24	17	0.81
15	16	17	14	0.848
16	24	17	12	0.585
17	18	18	13	0.722
18	22	20	17	0.810
19	24	21	17	0.756
20	20	18	17	0.895
21	22	19	14	0.683
22	19	17	14	0.778
23	24	23	18	0.766
24	18	20	16	0.842
25	22	15	12	0.649
26	20	21	18	0.878
27	18	23	13	0.634
28	21	22	19	0.884
29	16	21	12	0.649
30	18	16	11	0.647
31	21	16	15	0.811
32	17	20	12	0.649
33	17	19	13	0.722
全部材料	625	643	471	0.743

（2）相关系数

表2.10结果显示了两个评分者的频次分数和最高等级分数在15个软实力上相关显著，平均等级分数在14个软实力上相关显著。各回归系数的分布范围均在0.2~0.8。这说明两个编码者的编码一致性较高，符合心理测量学要求，也为之后行为事件访谈法的使用和模型提炼奠定了坚实基础。

表2.10 两名编码者在软实力频次、平均分数、最高等级分数编码的相关

软实力	频次	平均等级	最高等级
知识面宽	0.649**	0.479*	0.550**
公关能力	0.528**	0.787**	0.607**
风险驾驭	0.331	0.448*	0.514**
市场洞察力	0.282	0.421*	0.625**
协调能力	0.745**	0.614**	0.470*
分析判断	0.794**	0.448*	0.559**
职业操守	0.314	0.283	0.530**
创新能力	0.324	0.596**	0.471*
应变能力	0.492*	0.710**	0.568**
积极主动	0.440*	0.484*	0.685**
沟通能力	0.574**	0.357	0.214
风险意识	0.526**	0.478*	0.338
团队精神	0.534**	0.343	0.551**
成就导向	0.295	0.777**	0.744**
信息搜集	0.697**	0.555**	0.521**
学习能力	0.505**	0.206	0.203
团队领导	0.765**	0.606**	0.769**
专业知识	0.794**	0.281	0.244
服务意识	0.794**	0.613**	0.291
责任心	0.697**	0.300	0.425*

注：*表示在0.05水平上相关显著，**表示在0.01水平上相关显著。

3. 差异检验

为检验本研究确定的软实力能否在对公客户经理效标样本中的优秀组与一般组之间显示出差异，我们对优秀组与一般组在平均等级分数和最高等级分数上的差异进行了检验。结果表明，无论是从频数、平均等级还是最高等

级上看，优秀组与一般组的许多软实力都具有显著的差异。

（1）优秀绩效组和普通绩效组频次差异检验

表 2.11　　　　对公客户经理不同绩效组软实力频次差异比较

软实力	优秀绩效组		普通绩效组		t	df	P
	M	SD	M	SD			
知识面宽	1.176	0.529	1.063	0.772	0.498	31.000	0.622
公关能力	1.235	0.831	0.750	0.683	1.825	31.000	0.078
风险驾驭	1.706	1.263	1.188	0.911	1.345	31.000	0.188
市场洞察力	2.059	1.088	1.563	1.209	1.241	31.000	0.224
协调能力	0.882	0.928	0.188	0.403	2.819 **	22.116	0.010
分析判断	1.059	1.029	0.875	0.885	0.549	31.000	0.587
职业操守	0.706	0.686	0.688	0.704	0.076	31.000	0.940
创新能力	0.471	0.514	0.188	0.403	1.765	30.045	0.088
应变能力	1.235	0.903	0.750	0.683	1.732	31.000	0.093
积极主动	0.824	0.728	0.688	0.873	0.487	31.000	0.629
沟通能力	0.412	0.712	0.375	0.500	0.171	31.000	0.866
风险意识	1.059	0.748	1.000	1.033	0.188	31.000	0.852
团队精神	0.118	0.332	0.313	0.479	−1.351	26.558	0.188
成就导向	1.235	0.831	0.375	0.500	3.574 **	31.000	0.001
信息搜集	0.118	0.332	0.313	0.704	−1.007	21.072	0.326
学习能力	0.353	0.493	0.188	0.403	1.058	30.434	0.298
团队领导	0.647	0.702	0.250	0.447	1.950	27.352	0.062
专业知识	0.353	0.493	0.375	0.719	−0.103	31.000	0.918
服务意识	1.000	0.612	0.763	0.250	1.690	31.000	0.147
责任心	0.647	0.702	0.388	0.403	1.323	25.800	0.128

注：＊＊表示在 0.01 水平上相关显著。

表 2.11 中的数据表明，优秀绩效组和普通绩效组在"协调能力"和"成就导向"两个软实力之间差异显著。其他的软实力在两组之间的差异不显著。

（2）优秀绩效组和普通绩效组平均等级分差异检验

以平均等级分数为指标，分别计算两个编码者对同一录音文本中某一软实力分数的平均数，然后把这个分数进行标准化转换（转换成 Z 分数，再用 $S = 3 + 2Z/3$ 转换成 $1 \sim 5$ 的 5 点量表分数），然后比较优秀组和普通组被试者

在每个软实力上的平均等级分数，检验其差异的显著性。结果见表2.12。

表2.12　　　　　　对公客户经理不同绩效组软实力平均分差异比较

软实力	优秀绩效组		普通绩效组		t	df	P
	M	SD	M	SD			
知识面宽	5.265	1.427	3.125	1.962	3.565**	27.302	0.001
公关能力	4.353	2.511	3.438	1.632	1.233	31.000	0.227
风险驾驭	5.188	1.971	3.056	2.183	2.948**	31.000	0.006
市场洞察力	5.385	1.434	3.906	2.000	2.453*	31.000	0.020
协调能力	2.718	2.981	0.563	1.209	2.750*	21.387	0.012
分析判断	3.588	2.752	1.063	1.914	3.075**	28.608	0.005
职业操守	3.353	2.914	1.688	2.048	1.908	28.755	0.066
创新能力	2.471	2.718	0.250	1.000	3.149**	20.480	0.005
应变能力	4.088	2.399	2.125	2.210	2.440*	31.000	0.021
积极主动	3.382	2.934	1.250	1.975	2.462*	28.151	0.020
沟通能力	1.706	2.733	1.250	1.693	0.580	26.931	0.567
风险意识	4.453	2.561	3.625	1.576	1.126	26.834	0.270
团队精神	0.353	1.455	1.500	2.366	-1.665	24.650	0.109
成就导向	4.471	2.168	1.625	2.187	3.752***	31.000	0.001
信息搜集	0.353	1.455	0.875	1.884	-0.894	31.000	0.378
学习能力	1.941	2.727	0.813	1.759	1.421	27.540	0.167
团队领导	3.018	2.950	0.875	1.586	2.619*	24.839	0.015
专业知识	1.941	2.727	0.938	1.682	1.281	26.870	0.211
服务意识	2.676	2.270	2.250	2.040	0.429	22.267	0.712
责任心	2.971	2.907	2.438	2.159	0.600	29.458	0.553

注：*表示在0.05水平上差异显著，**表示在0.01水平上差异显著，***表示在0.001水平上差异显著。

表2.12中的数据表明，优秀绩效组和普通绩效组在知识面宽、风险驾驭、市场洞察力、协调能力、分析判断、创新能力、应变能力、积极主动、成就导向、团队领导这10个软实力之间的差异有统计学意义。其他的软实力在两组之间的差异不显著。而且，优秀绩效组的平均数明显高于普通绩效组，也就是说，他们有更高的正向得分。

（3）优秀绩效组和普通绩效组等级最高分差异检验

根据前面的分析，等级最高分数也是一个较好的指标。表2.13是用同样的方法对两组被试者标准化后的等级最高分进行的 t 检验结果。

表 2.13　　　　对公客户经理不同绩效组软实力最高分差异比较

软实力	优秀绩效组		普通绩效组		t	df	P
	M	SD	M	SD			
知识面宽	5.353	1.455	3.250	2.049	3.380**	26.929	0.002
公关能力	4.471	2.577	2.813	2.344	1.930	31.000	0.063
风险驾驭	5.235	1.985	3.188	2.257	2.771**	31.000	0.009
市场洞察力	5.529	1.463	3.938	2.016	2.608*	31.000	0.014
协调能力	3.118	3.039	0.563	1.209	3.207**	21.197	0.004
分析判断	3.706	2.845	1.063	1.914	3.148**	28.143	0.004
职业操守	3.353	2.914	1.750	2.113	1.816	29.164	0.080
创新能力	2.471	2.718	0.250	1.000	3.149**	20.480	0.005
应变能力	4.235	2.488	2.188	2.287	2.457*	31.000	0.020
积极主动	3.412	2.959	1.313	2.089	2.365*	28.810	0.025
沟通能力	1.706	2.733	1.250	1.693	0.580	26.931	0.567
风险意识	4.471	2.577	2.875	2.363	1.850	31.000	0.074
团队精神	2.529	2.294	2.000	2.422	0.645	31.000	0.524
成就导向	4.235	2.463	1.625	2.187	3.211**	31.000	0.003
信息搜集	0.353	1.455	0.938	2.016	−0.960	31.000	0.345
学习能力	1.941	2.727	0.813	1.759	1.421	27.540	0.167
团队领导	3.059	2.989	1.375	1.857	1.956	26.979	0.061
专业知识	1.941	2.727	1.000	1.789	1.179	27.783	0.248
服务意识	2.706	2.285	3.150	1.912	0.713	31.000	0.437
责任心	3.000	2.937	2.750	2.352	0.271	30.253	0.788

注：*表示在 0.05 水平上差异显著，**表示在 0.01 水平上差异显著。

表 2.13 的结果显示，优秀组和普通组的最高等级分数在知识面宽、风险驾驭、市场洞察力、协调能力、分析判断、创新能力、应变能力、积极主动、成就导向 9 个软实力上存在显著差异。

针对不同绩效组，分别对编码中各软实力出现的频次、平均分、最高分进行差异比较分析，分别抽取差异显著的软实力，结果汇总如表 2.14 所示。

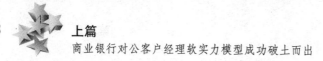
表 2.14 三种方法抽取的软实力比较

类别	软实力									
频次			协调能力						成就导向	
平均分	知识面宽	风险驾驭	市场洞察力	协调能力	分析判断	创新能力	应变能力	积极主动	成就导向	团队领导
最高分	知识面宽	风险驾驭	市场洞察力	协调能力	分析判断	创新能力	应变能力	积极主动	成就导向	

Hay 公司的经典研究中，提出采用频次、等级分数、最高分数三种指标进行统计分析，其中平均数分数最优。国内时勘等人（2000）的研究也证实了这一结果。本研究中也得到了相同的结论。由以上分析结果可以看到通过对软实力编码的平均分和最高分进行差异比较分析，抽取的软实力基本一致，而对软实力编码的频次进行差异比较分析，抽取出的软实力较少，说明对频次进行差异比较效果不佳。

4. 商业银行对公客户经理核检表频次统计结果

为进一步了解软实力模型的实际认可度，本研究自编了商业银行客户经理软实力核检表，请 450 名在职对公客户经理从核检表中列举的 40 项软实力中选出自己工作中最重要的 15 项软实力。本研究共计发放并回收核检表 60 份，表 2.15 是频次统计结果。

表 2.15 商业银行对公客户经理软实力核检表频次统计表

排序	总体			排序	总体		
	软实力	频次	百分比（%）		软实力	频次	百分比（%）
1	沟通能力	56	93.33	11	分析判断	35	58.33
2	专业知识	52	86.67	12	创新能力	35	58.33
3	责任心	50	83.33	13	团队精神	35	58.33
4	积极主动	48	80.00	14	工作效率	34	56.67
5	服务意识	46	76.67	15	信息搜集	34	56.67
6	市场洞察力	42	70.00	16	知识面宽	28	46.67
7	团队领导	42	70.00	17	应变能力	26	43.33
8	风险驾驭	40	66.67	18	职业操守	26	43.33
9	成就导向	37	61.67	19	协调能力	22	36.67
10	爱岗敬业	36	60.00	20	学习能力	20	33.33

结果发现，根据软实力核检表统计结果，排在前 20 位的软实力中，包含了我们在优秀组和普通组软实力差异比较中差异明显的 10 个软实力，基本上

包含了全部的软实力，这在一定程度上又验证了我们行为事件访谈、编码及数据处理等过程的科学性。

（四）商业银行对公客户经理软实力模型

通过以上分析我们可以发现，对平均等级分数进行差异比较分析抽取出的软实力，几乎全部包含在"软实力核检表"频次分析结果中出现频次最多的软实力中，在一定程度上验证了编码有效地抽取和区分了任职者的软实力。依据自编的软实力编码词典，对照"软实力核检表"频次分析结果中出现频次最多的软实力，我们确定出优秀绩效客户经理软实力——超越性软实力，以及客户经理共有的软实力特征——基准性软实力，共同组成对公客户经理软实力模型。该模型中包括的具体软实力见表2.16。

表 2.16   对公客户经理软实力模型

商业银行对公客户经理软实力模型			
基准性软实力 （10项）	职业操守	沟通能力	信息搜集
	公关能力	团队精神	学习能力
	责任心	专业知识	风险意识
	服务意识		
超越性软实力 （10项）	成就导向	市场洞察力	风险驾驭
	分析判断	应变能力	协调能力
	创新能力	团队领导	知识面宽
	积极主动		

对公客户经理软实力模型包括两部分：基准性软实力和超越性软实力。基准性软实力是客户经理工作的基本要求，属于合格性软实力。对于优秀客户经理，他不仅要具备足够的基准性软实力，还要有更高级别的软实力，即超越性软实力，这类软实力对客户经理工作绩效具有较强的预测能力和区分能力，能够有效地从一般客户经理中区分出高绩效的客户经理，对客户经理具有甄别、筛选能力，所以超越性软实力可视为区分性软实力。

第三章　商业银行对公客户经理软实力模型是如何验证的

本章提要　在商业银行对公客户经理软实力模型初步形成的基础上，我们通过问卷调查法对模型进行了验证和完善，编制了用于测查商业银行对公客户经理软实力的量表——商业银行对公客户经理软实力问卷，并利用它们探索了对公客户经理胜任特征与工作绩效之间的关系。本章将对量表的生成、修订及施测过程进行详细介绍。

一、研究问题和目的

在模型建立之后，我们请具有丰富实践经验的人力资源管理专家、心理学专家以及银行中高层管理者对该模型进行了评价，得到了较普遍的认同。然而抽象的概念无法直接用来测量个体的真实表现，该模型的实证效度如何？利用该模型进行对公客户经理的选拔与测评是否能够选出未来能产生高绩效的商业银行对公客户经理？为了能够进一步探索对公客户经理软实力与其绩效的关系，需要在软实力模型的基础上开发出软实力测量工具，使抽象的、概念化的各项软实力指标可操作化。在本研究中，笔者将对公客户经理软实力模型细化开发成软实力问卷，通过问卷进行数据收集，然后对问卷进行各种检验并形成对公客户经理软实力量表，并结合统计分析方法。其研究目的包括：编制商业银行对公客户经理软实力问卷；验证商业银行对公客户经理软实力问卷的信度和效度；验证商业银行对公客户经理软实力问卷的维度与前项研究中所获得的对公客户经理软实力模型的吻合性，即验证软实力模型的有效性。

二、研究方法和步骤

（一）被试者

为了检验软实力模型的有效性，我们编制了商业银行对公客户经理软实力问卷，问卷采用李克特5点计分，请来自广东、北京、天津、四川、浙江等省的商业银行多个分支行的在职客户经理共计245人施测，回收得到有效问卷226份。由于每位被试者要分别对两位优秀客户经理和一位绩效一般的客户经理进行评价，因此每份问卷实际上包含了4份数据。即得到对公客户经理数据共计904份，优秀客户经理数据和绩效一般的客户经理数据各452份。被试者的情况如表3.1所示。

表3.1 　　　　　　　　　对公客户经理问卷被试的基本情况

项目		作答者本人		绩效优秀组		绩效一般组	
		人数	百分比（%）	人数	百分比（%）	人数	百分比（%）
性别	男	169	74.8	360	79.6	328	72.6
	女	57	25.2	92	20.4	124	27.4
受教育程度	高中及以下	5	2.2	14	3.1	18	4.0
	大专	81	35.8	160	35.4	258	57.1
	本科	139	61.5	278	61.5	174	38.5
	硕士及以上	1	0.4	0	0	2	0.4
工作年限	$y < 3$ 年	34	15.0	4	0.9	68	15.0
	$3 \leqslant y < 5$ 年	31	13.7	40	8.8	108	23.9
	$5 \leqslant y < 10$ 年	38	16.8	144	31.9	120	26.5
	$y \geqslant 10$ 年	123	54.4	264	58.4	156	34.5

（二）工具

自编的商业银行对公客户经理软实力问卷。

（三）步骤

第一步，编制初始题项。

本研究量表项目的来源主要有三种：第一种是国内外以往研究中已经使用，经过检验的成熟项目；第二种是国外研究量表中的项目，我们根据访谈材料中的信息，经过修改而成；第三种是我们从访谈研究中获得，直接根据该要素所在的关键事件行为进行编制。

经过对以往研究和理论进行回顾、关键行为事件访谈和内容分析，参照商业银行对公客户经理的软实力模型内容结构，本次研究初始形成的商业银行对公客户经理软实力问卷共有测量题项89项。

第二步，题目筛选。

本书在确定初始题项集之后，按照Churchill（1979）的做法，对题项的表面有效性和内容有效性做了定性的考核。考核主要包括三方面：（1）关联性。即维度和条目与商业银行对公客户经理软实力之间关系的紧密程度，从而检测理论构思的内容效度。（2）简洁性。即检查反映同一内容的条目之间是否重复，删除重复的条目。（3）准确性。即审查项目的语法特征，确保没有歧义，使语句流畅，通俗易懂。具体步骤和做法如下：

首先，邀请3名判断者（这三人都参加过商业银行核心岗位软实力建模项目的访谈及其他工作，但没有参与商业银行对公客户经理软实力量表的开发工作）参加，向其解释清楚每一类的含义（软实力的定义参照商业银行对公客户经理软实力编码词典中的定义），并给出其中一个题项作为例子，然后让这些判断者将89个题项归类，如果认为某一个题项不属于任何一类，就将其单独列"不合适"之列。这里需要注意的是，这些判断者之前并不清楚笔者对这些题项的归类。这样下来，如果3人当中至少有2个人认为某个题项不属于任何一类，就将其从题项集中删除。结果表明，软实力量表都不用删题。

其次，量表的实施及修订。按照一定的抽样标准，选取若干分行或支行对公客户经理进行问卷调查，并及时回收测验结果，依据项目分析和探索性因子分析结果，剔除不符合要求的项目，对商业银行对公客户经理软实力与绩效关系研究量表进行修订。

再次，量表验证。通过统计分析对商业银行对公客户经理软实力问卷的信度和效度进行验证，包括信度分析、相关分析、验证性因子分析及实证效度检验等。

最后，量表及常模的正式生成。

（四）数据处理

使用视窗版 SPSS11.5 统计分析软件以及 LISREL8.5 软件包进行分析，如项目分析、探索性因子分析、验证性因子分析、相关分析和信度分析等。

三、研究结果

（一）项目分析

采用鉴别力指数作为项目分析指标。鉴别力指数是表示不同水平被试者反应的区分程度。通过鉴别力指数可以剔除不能很好地区分不同水平被试者反应的那些项目。具体操作步骤如下：

第一，求出问卷各样本总分。

第二，将被测者按照测验的总分从高到低排序。

第三，找出高低分组上下 27% 处的临界分数。

第四，依照临界分数将观察值在量表中的得分分为高低分两组。

第五，以独立样本 t 检验法检验两组被试者在每个题项的差异。

第六，把 t 值是否显著作为题项的鉴别力指数。如果 t 值显著（即 p 的值小于 0.05）说明题目具有一定的鉴别性，不显著说明该项目不具有鉴别度，可据此进行项目筛选。

通过对对公客户经理软实力问卷题目进行鉴别力检验，得分前 27% 的被试者与得分后 27% 的被试者相比较，软实力问卷的 89 个题项都有显著差异，说明这些题目具有很好的鉴别度。

（二）信度分析

内部一致信度是目前比较流行而且效果较好的信度评定方法，从测量构思层次化入手，使测量项目形成一定的内部结构，并以内部结构的一致性程度，对测量信度作出评定。在本研究中，我们对问卷的总体信度以及 10 个维度的 Cronbach α 信度系数进行了计算。问卷的信度分析结果如表 3.2 所示。

表 3.2　　　　对公客户经理软实力与工作绩效问卷信度分析结果

包含的项目	α 系数	分半信度
分量表 1（成就导向）	0.952	0.941
分量表 2（创新能力）	0.954	0.948
分量表 3（风险驾驭）	0.958	0.945
分量表 4（知识面宽）	0.953	0.942
分量表 5（应变能力）	0.957	0.935
分量表 6（市场洞察力）	0.954	0.922
分量表 7（协调能力）	0.953	0.939
分量表 8（积极主动）	0.956	0.968
分量表 9（团队领导）	0.933	0.922
分量表 10（分析判断）	0.933	0.922
总量表	0.994	0.988

通过信度分析，所有维度的信度以及总体信度都大于 0.9，说明问卷具有良好的信度。

（三）探索性因子分析

录入数据后进行项目分析。在项目分析研究基础上，随机选取总样本中的一半进行探索性因素分析，进一步探索软实力维度。由于量表中包含的题项个数太多，按照 Bentley 和 Chou（1987）的建议，可以将模型中的题项分为几组分别进行因素分析。这里，我们将测量对公客户经理软实力题项分为 10 组，为了确保测量的单维度性，需要对每个维度分别进行因素分析，如果对于每个维度都只生成预先假设的因素，就能够确保研究变量的单维度性（Walter，2000）。

在作探索性因素分析之前，对各子问卷进行 KMO 适当性检验，各组数据的 KMO 检验值均大于 0.5，分别对各组进行探索性因素分析，在删除个别违背单维度假设的题目后，结果如表 3.3 所示。

各维度均只提取一个公共因子，该因子所包含题目数为 6~9 题不等，各题目的因素负荷均在 0.70 以上，且大部分在 0.85 以上，各维度的累计方差贡献率在 69%~79%，说明本量表解释了大部分的方差变异，具有较好的结构效度。

根据问卷项目的具体内容，对各个因素进行命名。因素 1 为"成就导向"，因素 2 为"创新能力"，因素 3 为"风险驾驭"，因素 4 为"协调能力"，因素 5 为"知识面宽"，因素 6 为"应变能力"，因素 7 为"市场洞察力"，因素 8 为"积极主动"，因素 9 为"分析判断"，因素 10 为"团队领导"。

表 3.3　　　　　　对公客户经理行为自评问卷各维度因素分析结果

	因素 1		因素 2		因素 3		因素 4		因素 5		因素 6	
	项目	负荷	项目	负荷	项目	负荷	项目	负荷	项目	负荷	项目	负荷
	V63	0.903	V79	0.905	V80	0.875	V49	0.861	V61	0.889	V33	0.917
	V67	0.894	V50	0.877	V73	0.861	V20	0.860	V55	0.887	V34	0.901
	V71	0.883	V86	0.876	V15	0.853	V66	0.844	V62	0.874	V32	0.896
	V2	0.879	V83	0.868	V75	0.850	V30	0.839	V26	0.861	V44	0.896
	V10	0.874	V51	0.848	V19	0.846	V21	0.832	V70	0.840	V89	0.893
	V85	0.867	V17	0.844	V69	0.846	V5	0.810	V65	0.837	V38	0.871
	V37	0.850	V3	0.774	V6	0.812	V35	0.806	V7	0.831	V8	0.859
	V1	0.814	V11	0.770	V4	0.705	V16	0.805	V27	0.827	V74	0.858
							V43	0.800				
KMO 值	0.94		0.94		0.93		0.95		0.93		0.96	
累计方差贡献率（%）	75		71		69		68		73		78	

	因素 7		因素 8		因素 9		因素 10			
	项目	负荷	项目	负荷	项目	负荷	项目	负荷		
	V59	0.925	V82	0.894	V57	0.908	V72	0.907		
	V60	0.921	V81	0.883	V53	0.898	V22	0.885		
	V54	0.921	V78	0.863	V41	0.886	V76	0.875		
	V52	0.911	V13	0.861	V42	0.882	V28	0.871		
	V47	0.909	V14	0.860	V87	0.863	V64	0.867		
	V58	0.909	V84	0.857	V23	0.848	V29	0.800		
	V88	0.881	V24	0.832	V18	0.838				
	V36	0.870	V12	0.801						
	V9	0.867								
KMO 值	0.95		0.94		0.94		0.91			
累计方差贡献率（%）	81		73		76		75			

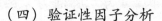

（四）验证性因子分析

用总样本的第二批数据，对对公客户经理软实力模型进行验证性因素分析。以商业银行对公客户经理软实力测评问卷中各维度为潜变量，以测验中各个测验项目分数为观测变量（假定各分测验项目代表的变量之间相互独立），使用 LISREL 8.72 程序，依据各个测验项目分数的协方差矩阵，采用极大似然估计法（ML）完成参数估计。

验证性因子分析有很多检验标准，本研究选取卡方检验（χ^2）、标准化拟合指数（NFI）、非标准化拟合指数（NNFI）、比较拟合优度指数（CFI）、近似误差均方根估计（RMSEA）、标准化残差均方根（SRMR）六个指标作为检验比较的标准。

χ^2/df 是直接检验样本协方差矩阵和估计的协方差矩阵间的相似程度的统计量，在实际研究中，当 χ^2/df 小于 5 时，可以认为模型的拟合度较好。CFI 和 NNFI 是相对拟合指标，主要用来对不同的模型进行比较，越接近 1 越好。许多研究表明，CFI 是一个良好的综合性指标，无论样本大小都表现出令人满意的性能。另外，RMSEA 和 SRMR 是近似误差指数，也属于绝对拟合指数的范畴，在近期的研究中经常被学者所使用。两个指标越接近 0 表明拟合越好，一般认为，RMSEA 小于 0.05 模型完全拟合（Closely Fit），RMSEA 小于 0.08 模型能够很好拟合（Fair Fit）），RMSEA 小于 0.1 模型中等拟合（Medians Fit），RMSEA 大于 0.10 模型的拟合度很差（Poor Fit）。Hu 和 Bentley（1999）对 SRMR 推荐的临界值是 0.08，即 SRMR 小于 0.08 表明模型较好地拟合了原始数据，大于 0.08 时，认为模型拟合不好。

表 3.4　　对公客户经理软实力测评问卷验证性因子分析拟合指数表

拟合指数	χ^2	df	χ^2/df	RMSEA	SRMR	NNFI	NFI	CFI
验证模型	12275.31	3643	3.37	0.084	0.035	0.99	0.98	0.99

根据以上标准，表 3.4 显示出对公客户经理软实力模型在各项指标达到了可接受范围。CFI 达到 0.99，NNFI 达到 0.99，NFI 达到 0.98，这三个重要的指标达到非常理想的拟合程度。SRMR 值为 0.035 < 0.08，表明模型较好地拟合了原始数据，虽然 RMSEA 与 χ^2/df 指标略高，但是仍在可接受的范围内。

10 个维度的标准化因素负荷从 0.75 ~ 1.00，各个指标的载荷都在 0.6 以上，且所有因素负荷值都具有统计上的显著性。

因此，通过验证性因子分析可以很好地证实上述提出的商业银行对公客户经理软实力模型。

探索性因素分析所得的 10 个因素及其包含的内容，与前面构建的商业银行对公客户经理软实力模型中包含的胜任特征全部吻合。不同的是，客户经理软实力模型的构建采用的是行为事件访谈法的方法和技术，资料是通过个案访谈获取。这里的探索性因素分析资料，是通过编制问卷在大范围客户经理群体中测试获取的。这种交叉验证，说明模型是有效的。同时，问卷信度分析结果表明，商业银行对公客户经理软实力测评问卷总体信度为 0.994 和 0.988，各子问卷信度都在 0.9 以上。因此，本问卷达到了一个较高的标准，测验的质量完全可以接受。

（五）实证效度分析

经过上述的一系列步骤，我们得出了具有较好信度和效度的对公客户经理软实力问卷和工作绩效问卷。下面我们将对对公客户经理软实力问卷的实证效度进行验证。实证效度是指一个测验对于个体行为进行预测时的有效性，即对我们感兴趣的行为能够预测的程度如何。

为了对对公客户经理软实力问卷题项的区分能力进行检验，我们可以比较对公客户经理中的绩效优秀者与绩效一般者在各软实力题项得分上的差异显著性。两个独立样本 t 检验的结果如表 3.5 所示。

表 3.5　　　　　　　不同绩效组对公客户经理软实力 t 检验

软实力	绩效优秀组		绩效一般组		t	df	P
	M	SD	M	SD			
成就导向	31.894	6.047	29.438	6.707	4.088 ***	445.255	0.000
创新能力	33.257	5.355	31.071	6.187	4.016 ***	450	0.000
风险驾驭	33.730	4.805	31.730	5.897	3.953 ***	450	0.000
知识面宽	36.146	6.211	34.022	6.805	3.466 ***	450	0.001
应变能力	31.615	5.763	29.336	6.426	3.969 ***	444.775	0.000
市场洞察力	32.358	5.770	30.119	6.567	3.85 ***	442.676	0.000
协调能力	35.814	6.697	33.181	7.654	3.892 ***	442.208	0.000
积极主动	33.310	5.479	31.133	6.219	3.949 ***	450	0.000
团队领导	24.478	4.296	22.987	4.623	3.552 ***	450	0.000
分析判断	32.027	5.909	29.695	6.610	3.954 ***	444.453	0.000
软实力总分	352.571	58.771	329.044	66.475	3.986 ***	443.341	0.000

注：＊＊＊表示在 0.001 水平上差异显著。

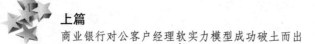

　　t 检验结果表明，被评价的对公客户经理中，高绩效者与低绩效者在全部 10 个胜任特征上都存在显著差异（$p < 0.001$），并且高绩效者的每个胜任特征得分的均值都大于低绩效者的均值。由此说明，高绩效的对公客户经理与低绩效的对公客户经理的软实力存在显著差异，说明本研究构建的商业银行对公客户经理软实力模型是基于绩效指标的。

（六）商业银行对公客户经理软实力问卷量表及常模的正式生成

　　课题组编制商业银行对公客户经理软实力问卷，对测试数据进行探索性因子分析，在验证构建商业银行对公客户经理软实力模型的同时，又参照项目分析和探索性因子分析的结果，通过严格的项目筛选程序，初步编制了含有 10 个维度 87 个题项的商业银行对公客户经理软实力问卷。在此基础上，我们构建了常模。正式施测结果表明，该测验的信度和效度都达到了测量学接受的标准。验证性因子分析的结果也表明，该测验工具的性能和结构近似理想标准和要求。因此，商业银行对公客户经理软实力问卷是以商业银行软实力模型为基础，具备良好信效度的量表，可以在工作中进一步推广使用，以便测查在岗客户经理的软实力水平，提高客户经理培训的针对性，并推动商业银行业务的发展。

商业银行对公客户经理
软实力模型体系

第四章 什么是"商业银行对公客户经理软实力模型词典"

本章提要 本章对"商业银行对公客户经理软实力模型词典"进行了介绍，先回顾了软实力词典的起源与发展，然后就"商业银行对公客户经理软实力模型词典"结构进行了说明，最后指出了胜任特征词典的使用原则。

一、软实力词典起源与发展

1981年，理查德·鲍伊兹（Richard Boyatzis）对一些关于经理人软实力（胜任特征）的原始资料进行重新分析、钻研，并归纳出一组可用于辨别优秀经理人才的软实力（胜任特征）因素，这些因素能够同时适用于不同类型的公司。从1989年起，麦克米兰开始对全球200多项工作所涉及的软实力（胜任特征）进行观察研究。经过逐步的发展与完善，共提炼形成了21项通用软实力（胜任特征）要素，构成了软实力（胜任特征）词典的基本内容。这21项胜任特征要素概括了人们在日常生活和行为中所表现出来的知识与技能、社会角色、自我概念、特质和动机等特点，形成了企业任职者的软实力（胜任特征）模型。

麦克米兰和他的研究小组根据对200多人在工作中的行为及其运用行为事件访谈所得到的信息，建立了286项软实力（胜任特征）模型数据库，其中包括一般企业、政府、军队、教育和宗教等组织中的技术/专业、市场、企业家/领导人、服务等各类人员的软实力（胜任特征）要素。该数据库记录了大约760种行为特征，其中与360种行为特征相关的21项软实力（胜任特征）要素能够解释每个领域工作中80%～98%比例的行为及其结果，其余

400 种行为特征只描述较少提到的软实力（胜任特征）要素，因此这 360 种行为特征就构成了软实力（胜任特征）词典的基本内容。

继麦克米兰对软实力（胜任特征）进行研究与分析之后，后来的学术界和企业界都在各自的研究与实践基础上，将软实力（胜任特征）词典加以丰富和细化，进一步发展了对 21 项软实力（胜任特征）的研究，使之不仅具有了更广泛的适用性，而且更加清晰有效。

词典中所涉及的软实力（胜任特征）项目，由于考虑到一般工作上的行为，因此在尺度的设计上，以适用于大多数工作的做法来呈现，所以缺乏精确性。当中一些要素可能与某些具体的工作岗位相关性不强，因此词典中的软实力要素仅仅为企业自身的软实力要素研究提供了参考，各个企业在构建软实力模型的时候应该针对企业自身的行业特征、发展阶段、市场情况等条件，对软实力词典进行不断的修订、增删和调整，从而形成符合企业自身特点和需要的软实力词典。

事实上，软实力词典的开发和研究在国外已经有近三十年的历史了，相对比较成熟，当中的部分内容也在管理实践中得到了很好的验证。然而，在中国，胜任特征管理还处于初步的发展阶段，众多企业都纷纷在尝试开发和构建适合企业自身特点的软实力模型。但截至目前，国内商业银行行业内尚无一本相对规范的、具有针对性和指导性的对公客户经理领导特征词典，无法满足组织动态发展的要求。

因此，课题组从实证的角度出发，在构建"商业银行对公客户经理软实力模型"的基础上，完善形成了"商业银行对公客户经理软实力模型词典"。该词典将帮助银行更客观地、更有针对性地选拔、培养、激励商业银行对公客户经理，进而推动银行核心能力的建设和组织变革。另外，商业银行对公客户经理软实力特征词典有利于银行进行人力资源盘点，明晰当期企业的人才储备和未来能力要求的差距，更好地为有潜力的员工提供个性化的培训方案，进而搭建更有效的职业发展路径。

二、"商业银行对公客户经理软实力模型词典"结构说明

"商业银行对公客户经理软实力模型词典"中出现的"软实力"是一组

可测量的行为标准，这些标准是商业银行对对公客户经理在成就特征、服务特征、个人特征、管理特征和认知特征五个方面的具体行为要求。每个行为标准都有五个等级水平，水平1（A-1）是最差的行为表现，而水平5（A-5）则是最佳的行为表现，其余水平则按此趋势逐级递增。

另外，每个行为标准都有相同的结构，均由以下八个部分组成：

A：软实力名称：用来描述一类软实力特征的名称或标签。

B：定义：通过列出相关行为的基本属性来规范该软实力特征的界定。

C：核心问题：详细列明该软实力特征在各个维度上的代表行为，以帮助读者进一步明确该行为的界定标准。

D：重要性：说明该软实力特征对商业银行发展的意义和重要性。

E：等级水平：描述了五个主要的水平，解释了这项软实力特征不同复杂度和技能水平上的表现。水平1（A-1）是最低级、最差的等级水平，而水平5（A-5）则是最复杂、最优秀的等级水平。这些水平是按趋势递增的，即水平2（A-2）要较水平1（A-1）高级，水平3（A-3）又较水平2（A-2）高级，依次类推。其次，这些水平的内容是经过深入研究的，结构是固定的，不能随便更改和混淆。另外，这些水平是累积性的（水平1除外），也就是说表现出水平5（A-5）的人也具有水平4（A-4）和水平3（A-3）的行为表现。

F：行为表现：从核心问题中列举的各个维度出发，举例说明了对公客户经理在每个主要水平上的具体表现，以帮助我们进一步理解每个水平的含义。这个部分相对比较灵活，可根据该商业银行或特殊应用的需要而增加新的行为描述。

G：正/反向案例：针对各个软实力，分别从正、反两面提出一个至两个案例。这些案例是商业银行对公客户经理在行为事件访谈过程中提到的一些具体事例或观点，既是对词典内容的进一步补充，也是该行为描述和实际应用的真实对接，帮助读者加深对词典的理解。

H：管理名言：各国伟大的管理专家或著名企业的领导者针对软实力发表的有关名言。

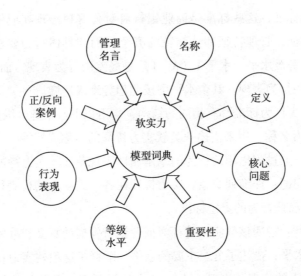

图4.1　"商业银行对公客户经理软实力模型词典"结构图

三、"商业银行对公客户经理软实力模型词典"使用原则

相似行为：某些胜任标准中的行为描述比较相似，但这并不意味着它们相同或有所重叠。在这种情况下，需要仔细阅读包含这种描述的行为的核心问题，这将有助于澄清每个行为描述的内涵，找到其与你感觉相似的行为的关键差异。

灵活性：每个水平表现的确切方式会因企业文化、地点和国家的不同而有所变化。使用本词典时，企业可以根据自身特点进行适度地修改和调整。

字典使用者：字典是员工使用的工具，它能有效地帮助员工理解如何提高行为表现。它的主要使用者还包括应用发展者，他们可以利用这个框架建立标准，将诸如培训、发展、评估和选拔之类的过程连接起来。

行为标准的数目：这个词典囊括19项商业银行对公客户经理的软实力，假如无选择性地对所有软实力进行开发则会大大提供使用成本，因此，使用者可以在成本范围内，根据组织战略给予每个软实力不同的权重，有重点地予以开发。

第五章　如何提升商业银行对公客户经理成就软实力

本章提要　本章对商业银行对公客户经理软实力模型的成就软实力特征群进行了介绍。"挑战自我，追求卓越"是商业银行对公客户经理的必备素质。对公客户经理成就软实力特征群包括"积极主动"、"创新能力"、"成就导向"和"学习能力"等素质特征。对每一个软实力素质特征，本章提供了来自许多叱咤风云的对公客户经理的成功或失败的经典行为事件，相信对读者将具有很好的启发作用。

一、如何提升"积极主动"软实力

软实力名称	积极主动	
定义	积极主动是指客户经理主动采取行动，应对眼前的挑战或迎接未来的机遇和挑战。	
核心问题	该特征主要考察客户经理能否积极做好准备和计划，主动完成任务，接受更大的挑战。	
重要性	积极主动是客户经理热爱本职工作的一种表现。积极主动的客户经理一般具有较强的执行力，工作的绩效也会比较高，也能及时解决工作过程中出现的各种问题。	
等级	等级定义	行为表现
A-1	具有一般的工作主动性。	工作中能够主动从同事或上级那里获取必要的资源和帮助，能够自觉把工作做好，并对可能出现的问题做好必要的准备。
A-2	能够主动承担任务，做好本职工作。	态度积极，自觉做好本职工作；能够主动承担责任；自觉提升自身素质；当目标不能独自完成时能主动地寻求他人的帮助。

续表

等级	等级定义	行为表现
A-3	面对困难和障碍，仍能继续坚持。	在工作中自觉设置目标，具有很好的计划性；主动与同事交流经验，争取上级的支持，主动承担责任和接受挑战；热情投入工作；发现同事在业务开展上遇到困难时，会主动伸出援手。
A-4	积极面对当前的机遇和问题，不需要提醒就能采取行动。	对形势的认识具有预见性，在未被形势所迫之前就主动采取行动；在没有被要求，没有受到激励的情况下，就积极寻找解决问题的方法；能够及时地对眼前的问题作出反应；能够意识到机遇的存在，主动地为之做好准备。
A-5	长期的主动行为，经常预见性地采取行动应对相关事件或创造机会，建立清晰的长期目标。	能够根据内外部客户和金融市场的变化趋势，自主调整自己的工作模式；以银行的总体目标为指导，规划自己的工作，具有短期、中期、长期工作规划；不断在工作中总结经验，创新工作思路，并能为领导提供支持和建议。

[正向案例1]

主动营销，成功置换

　　A企业是某市一家主要生产经营薄膜制品的民营企业，其结算和融资业务均在T行办理。

　　近期，某行客户经理通过朋友介绍认识A企业的财务经理，第二天即主动上门拜访企业主，通过轻松愉快的交流，客户经理了解A企业的基本情况，主动到A企业生产车间参观，并积极与A企业探讨企业融资、结算等情况，交谈中了解到，A企业创业至今，一直得到当地T行支持，A企业与T行合作关系良好，业主不打算在其他行融资。

　　在了解情况后，该客户经理认为，A企业是重信用、忠诚度较高的企业，进一步认定A企业为某行目标客户。该客户经理迅速制订了营销计划：每周至少2次拜访A企业，同时积极查阅A企业的行业发展情况、市场分析等资料，拉近与A企业的距离。通过定期拜访A企业，与 A 企业畅谈行业经营情况，并为 A 企业分析了企业壮大后与单一银行合作的弊端，以及某行与 T 行在融资、结算网络、技术条件、风险管理等方面优劣势比较，A 企业最终同意选择某行作为其第二个合作银行。之后，某行成功置换他行 2000 多万元的贷款，同时获得月均 700 万元的结算业务及收取投行费等中间业务收入。

事实证明，面对客户婉言拒绝，客户经理一方面应采取积极坚持的态度，另一方面应主动查阅企业经营行业相关情况，让自己成为"行业专家"，多站在客户的角度考虑问题，更好地为客户提供综合性金融服务，最后营销必定成功。

[正向案例 2]

机会是留给主动的人

A 行的对公客户经理小黄有看日报的习惯，每次看报时，他总是照着报纸上一些公司广告上的联系电话主动联系企业，寻求合作机会。尽管不一定每次都能成功合作，但是这样的主动性联系还是让小黄找到了一些机会。有一次，小黄联系了佛山的某家电器公司，从而得以认识其公司王总。王总是一位非常精明的生意人，他告诉小黄公司恰好有一些业务需要和银行合作，小黄的电话来得正是时候。小黄马上拜访了王总。王总对于小黄的敬业精神表示赞赏，并希望能够在小黄所在的 A 行开立银行承兑汇票。经过谈判，A 行同意为该公司开立银行承兑汇票，但是该电器公司必须提供一定比例的保证金，其余部分敞口。6 个月的银行承兑汇票，该公司一般在 1 个月就填满了全部敞口，并重新开立汇票，而一定票据额度可以撬动 3 倍左右的存款。该公司通过银行承兑汇票，也可以减少对营运资金的占用与需求，有利于扩大生产规模，银企实现了共赢！

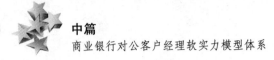

[反向案例]

被动营销，客户不满

　　A 企业一直是某行的优质小企业客户，财务状况稳健，发展势头良好，以抵押方式办理融资 3000 万元，抵押物价值十分充足，并且某行是该企业的唯一贷款行，其所有结算也均在某行办理。

　　2013 年末，A 企业因业务发展需要，向某行提出增加融资要求，由于某行政策规定小企业单户融资最高限额 3000 万元，如要满足 A 企业融资需求，经办行必须将 A 企业调出小企业标识，按一般流程企业客户重新核定授信和办理业务，该行即减少小企业贷款余额 3000 万元。客户经理考虑自身小企业业绩年末考核需要，计划将企业的需求拖至 2014 年初办理。因此，客户经理简单的以小企业政策影响的理由，拒绝了 A 企业增加融资的请求，建议保持现有额度，并同意将多余的抵押物分割归还企业，由企业向其他行申请融资。

　　这一消极做法引起了企业的不满，客户认为某行并未考虑其需求，于是到 T 行融资，及时解决资金需要。客户认为 T 行"雪中送炭"，某行"见死不救"。加上 T 行大力营销，争夺 A 企业的结算业务，导致 A 企业在某行办理的低风险贷款业务也陆续流失，最终，A 企业提前归还某行所有贷款，办理抵押物注销手续，某行与 A 企业的合作已到了冰点。

　　尽管后来某行通过产品组合重新与企业建立合作关系，但事实证明，客户经理没有主动为企业着想，没有根据企业的实际需要设计服务方案，已经失去客户的信任，差点失去全部业务。

　　抱最大的希望，为最大的努力，做最坏的打算。

　　　　　　　　　　　　　　——严长寿（亚都丽致饭店总裁）

二、如何提升"创新能力"软实力

软实力名称	创新能力	
定义	创新能力是指客户经理密切关注银行业的先进理论和实践经验，通过对各种要素的重新组合或创造性变革来创造或引进新的服务项目，开拓新业务领域，找寻银行新的业务增长点。	
核心问题	这个特征主要考察客户经理是否能够对现有的产品或服务提出改进，或者在营销策略、方法上能够有所突破，极大地促进银行业务的发展。	
重要性	创新是组织进步的灵魂。银行不能只提供服务，必须提供更好的服务才行。客户经理通过对产品或者服务进行创新，更好地适应了市场需求，增强了银行的竞争力。创新也使银行能够提高其利用资源的能力，利用较少的资源创造更多的价值。	
等级	等级定义	行为表现
A-1	有以创新求生存发展的意识。	能够从思想上重视创新对银行发展的重要作用；能够把创新的理念贯彻落实到日常的工作中。
A-2	具有进行改造性创新的能力。	能够及时了解客户及同业信息，并根据市场供求变化调整策略，创造新的产品业务。
A-3	具有进行原创性创新的能力。	具有对新事物的敏感性和好奇心；能够捕捉新事物的发展动态并将它们转化成自己的思维，开发出原创性的新产品；能够独辟蹊径，突破思维定式，整合重组传统业务，开拓新的业务领域，维持或获取更多的市场份额。
A-4	能够根据市场和即时信息来进行创新。	能够通过现有的状况分析去预测行业未来的走势，把握金融市场走向；能够捕捉有效信息并及时作出决策，找到银行新的业务增长点；不断寻找银行与市场新的结合点，以创新服务金融业务，增强银行活力。
A-5	能够将制度创新、技术创新和产品创新相结合。	能够抓住机遇推动银行变革，创造新的管理制度和经营方式；善于把制度创新、技术创新和产品创新三者相结合；同时能够激发其他员工的创新意识，在银行内营造出活跃的创新氛围。

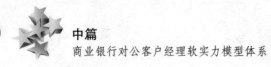

[正向案例]

突破传统定式，创新解决难题

A企业是一家经营开发、生产、销售自产轿车、配套零部件和提供相关售后服务的整车制造企业。A企业的汽车经销商均为"四位一体"品牌经销商，接受整车制造企业在店面管理、销售管理、员工培训等方面的统一管理措施。A企业是某行的核心客户，双方合作记录良好。

在汽车销售市场上，整车制造企业占据主导地位，资金充裕，因此A企业与银行的合作主要在存款与结算方面。经销商需先支付购车款才可以从A企业取车，将车交给消费者后才能收回车款，因而存在因采购用于直接销售的汽车而形成的存货周转性资金缺口。同时，由于A企业要求经销商增加库存，导致许多汽车经销商资金更为紧张。

某行认为A企业经销商存在一定机会，但是经销商资质低，信用等级偏低，难以符合传统信贷准入要求，且基本无可供抵押的固定资产，准入困难。另外，由于经销商分布较为分散，业务协调推动难度大。由于各行银行承兑汇票办理条件，审批流程不同，银行承兑汇票也难以解决经销商的融资问题。

为巩固核心客户整车制造企业的关系，某行逐步推广以国内信用证作为载体，集中为特约经销商提供融资，同时采用提单或汽车质押，并引入第三方物流商监管的方式进行风险控制。

本次融资方案创新总结如下：一是融资工具创新，以国内信用证替代传统银行承兑汇票。二是风险控制创新，以与贸易相关的物权或动产质押和监管替代传统的第二还款来源抵押担保。三是融资模式创新，以集中融资替代分散融资。

[反向案例]

创新精神缺失，风险估计不足

TL 公司成立于 1994 年，主营计算机通信设备及网络工程、金融电子产品、监控设备的研发、服务、销售。1998 年 7 月 21 日，TL 公司向 N 行申请流动资金贷款 500 万元，期限一年，用于毗邻的××省公安无线综合通信网之金融技防网项目的建设资金周转，属异地使用贷款，同时还提供了与 J 新技术有限公司签订的合同书复印件及相关资料。经审查同意，N 行向 TL 公司发放贷款 500 万元，借款期限为1998 年 9 月 25 日至 1999 年 9 月 17 日。同日，双方签订了《权利质押合同》，以"银行数据查询终端装置"专利权质押担保上述贷款。贷款前 N 行已经得知 TL 公司在 S 行有贷款 500 万元已逾期。后因 TL 公司经营不善，法定代表人赵×涉嫌诈骗被捕，质押失效等多种原因，N 行贷款 500 万元，利息 139 万元终成损失。

该案例的启示是：专利权质押当时作为一种新颖的贷款担保方式，没有现成经验可借鉴，N 行客户经理由于缺乏创新意识，对其中存在的风险没有充分的认识，按照当时的情况，只是关注了专利质押的合法合规性问题，对其中如专利的时间价值、变现能力等风险因素缺乏考虑，最终造成银行利益的损失。

> 创新就是创造一种资源。
>
> ——彼得·杜拉克（管理大师）

三、如何提升"成就导向"软实力

软实力名称	成就导向
定义	成就导向是指客户经理在工作中对成功具有强烈的愿望，设定较高目标，积极主动为实现目标不懈努力，能够承受困难与挫折，完成挑战性的任务，在工作中实现自我价值。

续表

软实力名称	成就导向	
核心问题	这个特征考察客户经理是否不满足于现状，具有强烈表现能力的愿望，不断地为自己设立更高的标准，努力不懈地追求事业的成功。	
重要性	具有成就导向的客户经理，在工作中往往愿意从事具有挑战性的任务，不断地为自己设立更高的标准，并通过自身的学习以及多方途径达到目标。成就导向的客户经理具有强大的内激励，能够从工作的成功获得极大的满足。因此，具备成就导向的客户经理能够自我激励，而不依赖于外来的报酬。	
等级	等级定义	行为表现
A－1	对自己有较高的标准，不甘落后。	对工作有一定的使命感，对自己有较高的标准，希望取得较好的工作成绩，不甘心落于人后。
A－2	设立较高的目标，愿意接受挑战。	为自己设置较高的工作目标，愿意接受挑战，对于出色完成任务取得工作成果有较强烈的渴望。
A－3	工作追求卓越，不断自我提升。	在工作中不断自我提升，希望自己取得更好的成绩和更大的成就，对于战胜困难取得成就有强烈的渴望。
A－4	工作追求完美，对自己要求严格。	工作上执着追求，总是希望把事情做得更好、更漂亮，工作结果常常超出标准；喜欢挑战性的任务，工作具有强烈的使命感，为了目标的实现努力克服困难，坚持不懈；为了要达到一个更高的绩效水平而努力工作。
A－5	为了目标的实现而不懈努力，不怕挫折，甚至牺牲眼前利益。	敢于设置前人未做过且极具挑战性的目标；经过仔细的分析后，敢于冒险，大胆提出新想法并不懈努力，不畏困难挫折，越挫越勇；把再创佳绩作为自己追求的永恒目标，为实现目标甚至愿意牺牲当前的利益；对自己严格要求，工作精益求精，不断挑战自己，不断发掘自己的潜能。

[正向案例1]

永不言败，抓住机遇

　　A企业是某市一家中型房地产开发公司，注册资金5000万元，主要从事珠三角城市中高档住宅小区开发及物业管理。其主要结算和融资业务均在T行办理。某行多次上门营销未果，但仍然不断寻找合作机会。

　　A企业旗下一个项目公司已成功开发某高档住宅小区两期工程，房屋销售状况良好，恰逢当地房地产市场升温，房价不断上涨，于是该公司启动开发项目三期工程，工程现已至封顶阶段，此时急需资金支付工程款。前两期工程融资，虽然某行也有登门营销，但A企业还是选择在T行办理。这第三期工程地块一侧有高压电线经过，T行表示需要等待上级行审批，A企业对T行拖延有所不满。

　　某行在得知这一情况后，认为这是竞争该客户的最佳时机。于是立即组织该房地产项目营销工作，请上级行领导前往拜访A企业老板，表明银行愿意支持A企业发展的态度；向A企业财务索取相关资料，审核该项目的准入条件，并进行充分的项目调查；请某行项目审批人前往考察，审批人也顾及高压电线隐含的潜在风险，考虑某行的积极争取，最后批准该笔贷款。随后，客户经理落实在建工程抵押，顺利为A企业发放房地产开发贷款3000万元，给予A企业有力的资金支持。

　　在客户需要资金支持的困难时刻，某行努力排除困难，和A企业共渡难关，客户对某行极为感激，表示今后业务将主选某行为合作伙伴，并将该公司结算业务全部转至某行办理。

[正向案例2]

不怕拒绝，敢于挑战

　　A行客户经理小王通过朋友认识了B企业的财务负责人黄某，为了赢得B企业这个优质客户，小王一次又一次地登门拜访其负责人，但是由于黄某曾经对A行产生过误会，再加上公司附近有一家大银行，所以小王每次拜访总是无功而返。小王没有气馁，依然坚持不懈，一有机会就去拜访黄某。后来，春节期间，黄某恰好急需一张卧铺火车票，小王立即四处联系，最终找到了一张火车票，令黄某十分感动。随后，小王又做黄某爱人的工作，让黄某对A行产品有了更深的理解，化解了之前的误会。最后，黄某与小王成了好朋友，黄某也对小王的敬业精神与不断挑战自我的精神表示赞赏。尽管小王最终没有为A行获得该客户，但是黄某也为小王介绍了几个优质客户。

　　不怕拒绝，敢于接受挑战是每个客户经理必备的素质之一。客户经理必须坚定"没有做不到的事情，只有想不到的事情的信念"。才能不断超越自我，获得成功。

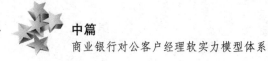

[反向案例]

缺乏成就导向，难以追求卓越

　　JC 公司是 1990 年成立的私营企业，1996 年注册为 JC 集团公司，由于 JC 集团公司经营决策失误，固定资产投资过大，其中 JC 酒店建设历时八年，建设周期过长，大量资金被占用，财务状况日益恶化，经营陷入困境。2003 年末，JC 集团公司总资产 23389 万元，负债 15825 万元，累计亏损 1807 万元（由于该公司是私营企业，其财务报表的真实性无法保证）。1998 年 JC 集团公司开始欠息，出现逃债迹象，加之其诚信度低下，多次出具还款承诺，但很少兑现，银行清收效果甚微，贷款形成风险。

　　1995 年 3 月，RL 支行与 JC 集团公司建立信贷关系，1995 年至 1998 年累计向其发放贷款 7890 万元，其中贷款余额最高时达到 6300 万元。JC 集团公司以其所有的 JC 酒店土地及房产向 RL 支行提供抵押。截至 2005 年 4 月，贷款余额 6295 万元，其中，流动资金贷款 4295 万元，网点设施贷款 2000 万元，欠息 5432 万元。A 客户经理是 JC 集团的管户经理，在多次催收无望的情况下，他建议 RL 支行于 2005 年 3 月 28 日向 DH 州中级人民法院提起诉讼并胜诉。对 DH 州法院作出的民事调解裁定，JC 集团公司并未履行，RL 支行已向法院申请执行，此案法院正在执行过程中。因为缺乏成就导向的激励，A 客户经理轻易放弃了努力，给银行造成了一定的损失。

> 　　在一个崇高的目标支持下，不停地工作，即使慢，也一定会获得成功。
>
> 　　　　　　　　　　　　——爱因斯坦（著名科学家）

四、如何提升"学习能力"软实力

软实力名称	学习能力	
定义	学习能力是指客户经理在工作过程中积极地学习，不断地更新自己的知识结构、提高自己的工作技能，把学习成果运用于工作中，改进工作方法或流程，提高工作质量。	
核心问题	这个特征主要考察客户经理是否具有强烈的学习动机，掌握科学的学习方法，能够通过多种途径快速、有效地学习。	
重要性	银行业是国家监控比较严格的行业，也是国家政策法规变化比较大的行业。学习能力强的客户经理能够及时根据国家政策的变化，调整策略，在抢占市场方面赢得先机。未来的人才也必定是学习型人才，拥有学习型人才的组织才能更好地面对未来的挑战，及时作出改变。另外，学习也是创新基础。	
等级	等级定义	行为表现
A－1	有基本的学习能力。	愿意接受新知识和新技能，能够认真对待组织提供的培训；愿意就自己不明白的问题向上司或同事请教。
A－2	有一定的学习意愿和学习能力。	能有意识地学习新知识、新技能，对于专业知识有较好的领悟力；并能够对所摄取的信息有自己独特的想法与观点，会经常性地总结一些工作经验，认为不断学习是职业生涯中的重要一环。
A－3	有较好的学习意愿和学习能力。	对新知识、新技术、新领域保持关注，并乐于尝试新方法；以学习为乐，愿意就自己不了解的问题向同事请教；定期做阶段性的工作总结；当工作内容发生变化时，积极主动弥补自己缺乏的知识与技术；把工作视为重要的学习过程。
A－4	有较强烈的学习动机，不断自主学习、自我提升。	有较强烈的学习动机，对于新技术、新领域保持高度的热情，注重在发展中不断学习，在学习中不断发展；经常性地总结经验，增加学识，提高技能，增强自身能力素质。
A－5	有强烈的学习动机和优秀的学习能力。	经常寻找时间和机会学习，广泛获取知识和信息；善于吸收和利用前人已经取得的成果和经验，吸收他人的长处；习惯性地搜集业界最新信息，追踪同行业技术发展的动态，积极了解对产业可能产生影响的新工具、新方法、新技术，积极思考并将最新的知识和技术与客户的需要联系起来；乐于将自己的专业知识传授他人。

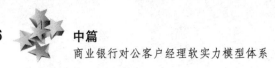

［正向案例1］

加强业务学习，提升服务水平

随着某行国内贸易融资的快速发展，客户经理需要不断学习，更新知识。

A企业为某行的优质客户，原结算方式为银行承兑汇票，结算量较大，客户经理心想，如果企业能通过信用证进行结算，那么一方面可以提高企业收到货物的可靠性，另一方面可以通过信用证办理融资，提高银行的国内贸易融资的业务量。

于是，该客户经理主动学习国内信用证及项下卖方融资的相关资料，并向办理过该业务的客户经理请教操作方法和注意事项，认真作好业务要点记录。经过充分准备，客户经理精心设计的融资方案受到企业及上游客户的好评。

客户经理要主动学习新知识，及时将所学知识进行应用，通过改变企业的结算方式，为企业开立国内信用证，并为其上游企业办理国内信用证卖方融资，解决了双方不同阶段的融资需求，为银行增加了业务量和业务收入，提高了企业对某行的综合贡献度。

事实证明，新业务的发展需要不断地学习和应用，且部分新业务会改变企业的结算方式，不被企业所接受。因此，客户经理要不断学习，采用通俗易懂的语言与企业主交流，最后在运用融资产品的过程中巩固学习成果。

［正向案例2］

学习是创新的基础

A公司是某行的重点客户，2012年A公司打算发行15亿元可转换公司债券，用于某项目建设。可转换公司债券作为证券市场重要的融资工具，有融资成本低、集资力度大、偿债压力小、股本扩张适度和可溢价转股等多项优势，对企业未来发展和增强竞争能力具有较大的促进作用。

　　该行的客户经理小黄在业余时间一直勤于学习，尤其是对银行中间业务的学习。小黄得知A公司拟发行债券的消息后，经过认真思考，认为可以为该公司提供可转换公司债券担保函。小黄立即写了一个方案，说服该行高层领导，得到了领导的支持。后来，经与A公司反复协商，提出可行性方案，落实反担保条件，制订解决问题的办法。最后商定，由该行与某大型银行组成银团，共同为公司项目提供担保。该笔业务不仅每年可为该行增加中间业务收入上百万元，更是开创了该地区银行办理可转换公司债券担保业务的先河，提供了银企合作的新思路。

[反向案例]

不懂不学，终被淘汰

　　A企业是一家上市公司，随着业务范围的不断拓展，需要的银行服务与产品也越来越多、越来越专业。某日，该公司的财务负责人B听说部分银行推出了NRA账户业务，特地向客户经理C咨询此项业务，但是由于客户经理C并不了解，因此无法深入介绍。事后，该客户经理很快将此事遗忘，没有主动学习NRA账户业务的相关资料，也没有向办理过该业务的客户经理请教操作方法和注意事项，结果在下一次与该公司的财务负责人B会面时，仍然无法回答客户的提问，给客户留下了非常不好的印象。因为该公司急需办理此项业务，财务负责人B遂与其他银行商谈此事。结果，由于其他银行迅速帮该公司解决了这一问题，该公司便将在该行的所有业务都转入了他行，大客户的流失给银行的经营造成了难以估计的损失。

　　世界上没有夕阳企业，只有落后和不思进取的企业。

——佚名

第六章　如何提升商业银行
对公客户经理服务软实力

本章提要　本章对"商业银行对公客户经理软实力模型"的服务软实力特征群进行了介绍。商业银行作为服务型金融企业，其经营管理者必须具备服务意识和服务能力。在服务制胜的今天，商业银行对公客户经理至关重要。对公客户经理的服务软实力特征群包括"沟通能力"、"服务意识"、"应变能力"、"协调能力"和"公关能力"等素质特征。对每一个软实力素质特征，本章提供了来自许多叱咤风云的对公客户经理的成功或失败的经典行为事件，这些事件对于如何提升对公客户经理的服务意识和服务能力有必然帮助。

一、如何提升"沟通能力"软实力

软实力名称	沟通能力	
定义	沟通能力是指客户经理聆听并准确理解他人所传达的信息，作出恰当的反馈，通过语言、表情、动作等方式，准确表达自己的意见和看法的能力。	
核心问题	这个特征要求客户经理具备良好的倾听能力和表达能力，能够在具体环境下正确理解对方的想法，并运用语言或者肢体等多种表达方式清晰地传达信息。	
重要性	良好的沟通能力是客户经理高工作绩效的前提之一，也能有效地提高客户的满意度，塑造良好的银行形象。沟通能力往往促进客户经理与其上级、同事、下属或者团队成员的协调合作，让工作的开展更为顺利。	
等级	等级定义	行为表现
A-1	能够利用简单的语言和肢体行为与他人进行有效的沟通。	能用简单的言语清晰地表达自己的态度和意见；能通过点头和微笑等行为表示对发言者的关注；能够以诚恳的态度赢得员工和客户的尊重和信任。

续表

等级	等级定义	行为表现
A-2	能够尊重他人，善于倾听他人意见，听完之后再给予回应。	抱着积极的心态和用心聆听的态度来获取同事或客户的信息；能够在沟通中准确推断出对方话语的隐含意思，能够清晰理解复杂的意见；积极寻求有关他人思想和观点的信息，能够总结主要的观点使讨论变得集中化和明朗化。
A-3	能够从他人的立场和角度出发，表示理解，产生共鸣。	具有较强的沟通能力，能够通过适当的肢体语言和生动明了的话语表达出复杂的观点；在听完他人的陈述后，客户经理往往不是急着给予意见或者指责他人；能够对他人的状况表示理解；能够从他人的角度出发，表达出自己的意见和想法。
A-4	掌握与同事和客户沟通的技巧，使沟通卓有成效。	在与人沟通过程中，善于控制自己的情绪；能够根据对象的特点调整沟通方式；与人交流时，富有表现力和感染力；善于引导话题的发展方向，并具有良好的说服他人接受自己观点的沟通技巧。
A-5	重视与同事或客户的沟通，在部门内部形成沟通交流的良好氛围。	能够根据不同的环境和对象，采取不同的表达方式和沟通策略；能够把与同事、客户沟通作为一种职责和工作内容，业余时间也会注意加强和同事、客户的沟通；能够组织或参与一些团体活动或联谊活动，加强与团队成员的沟通，维系与客户的情谊。

[正向案例1]

善于沟通，赢得客户

A 企业法人代表为某行个人存款客户，公司出纳陈小姐经常代其老板到某行办理个人结算业务，某行客户经理在与陈小姐的沟通中了解到，A 企业目前主要业务均在 T 行办理，但陈小姐对 T 行服务十分不满，抱怨 T 行办事效率低且态度差，只因 T 行有一款理财产品为 A 企业提供资金增值服务，故勉强留在 T 行。

某行客户经理首先肯定陈小姐为其公司付出的辛勤和汗水，并适时推介无固定期限法人理财产品，详细介绍该产品的优点和特色，并提示需注意的风险因素。在沟通过程中，该客户经理采用引导性的问话方式，让陈小姐接受并最终认可无固定期限法人理财产品。最后，陈小姐认为某行产品收益更高，而且感受到某行的尊重和合作的诚意，表示乐意向其老板争取将公司存款转至某行。

最终，该客户经理成功营销到 A 企业存款业务，后续又为 A 企业老板办理了一笔汽车消费贷款业务。在业务介绍和办理的过程中，对公客户经理要问客户一定会回答"YES"的问题，并且用"YES"来回答客户的问题，彼此建立一个积极、乐观、肯定的平台，让客户看到对公客户经理友善热情的一面。在这样的平台里，就可以更轻易地获得客户的认同，也更容易引起客户的共鸣。

[正向案例2]

沟通的魅力

有一次，一位中年客户来银行取几十万元，恰好客户经理小林在场，立即邀请客户前往贵宾区进行座谈。在交谈中，小林得知该客户是一位从事服装行业的大商户。小林当场详细地记录了客户的信息，送给客户一本银行自编的理财投资方面的书籍，并约定改天登门拜访。

送走客户后，小林立即收集了一些服装行业方面的资料，根据客户的情况进行分析，确定其需求，并制作了一份详细的服务计划。登门拜访的那天，小林并不急于推荐银行产品，而是与客户聊一些服装行业的发展情况，其对服装行业的了解程度得到了客户的赞许。后来，当客户聊到一些银行产品时，小林认真分析客户的业务情况，为其介绍相应的银行产品，并介绍了这些银行产品能够给客户带来的好处。该客户对这些银行产品表示有很大的兴趣。之后，小林抓住每一次机会积极与客户沟通，并在其生日时送上礼物和祝福，更令客户感动。当小林得知客户打算将来把女儿送出国留学时，他立即为客户推荐了相应的理财产品。最后，通过小林的不断沟通，银行终于获得了一个优质客户。

[反向案例]

沟通不畅，客户流失

　　某集团是个集烟草、机械、军品、物流生产和销售于一体的大型集团，集团有一个子公司，主营施工业务，规模较小，主要为集团配套建设厂房。客户多次向A行申请融资200万元，均因不符合条件而被银行拒绝，为此A行客户经理也与该公司财务人员进行过多次沟通，但始终找不到好的解决办法，一个潜在客户就这么流失了。

　　该公司不得已转向B银行申请贷款，B银行客户经理非常重视，多次深入企业调查，并通过各种渠道积极地与公司的财务人员进行沟通，进而了解到其母公司从异地迁到昆明后，将进行大规模厂房扩建，该客户前景十分看好。于是，B银行客户经理果断上报了客户授信，很快发放了200万元贷款。虽然这是一笔小业务，但对客户来说，却是雪中送炭。在随后几年里，随着母公司大规模改扩建，公司规模急剧扩张，效益成倍增长，给B行带来的效益也大幅增长。

　　学问及本领要发挥到最终的效率，就要靠沟通。

　　　　　　　　　　　　　　　——张忠谋（台积电董事）

二、如何提升"服务意识"软实力

软实力名称	服务意识
定义	服务意识是指客户经理能够把服务客户当成自己的工作职责，从客户的需要出发行事，致力于发现并满足客户的需要。
核心问题	客户经理能否主动、发自内心地为客户提供优质服务，耐心解答有关业务问题，甚至对于一些工作以外的事情，客户经理也能真诚地提供帮助。

续表

软实力名称	服务意识	
重要性	银行业属于服务行业，优质的服务是银行争取行业领先地位的关键所在。另外，满意的客户服务能够为银行树立良好的口碑和留住老客户，从而能减少开发新客户的成本，提高银行的盈利能力。	
等级	等级定义	行为表现
A-1	认识到商业银行本质上从属于服务业。	能够认识到银行业只有以客户为中心才能有长足的发展，能做到诚实守信，对客户负责；在实际工作中兼顾考虑到客户的需求和同事的反映。
A-2	能够关注客户的需求，追求客户满意。	具有一定的服务技能，当客户提出某些要求的时候能够想办法满足客户的要求；关注客户的需求和利益，追求客户高满意度。
A-3	以客户为中心，不断提升服务质量，创新金融服务和金融产品。	能够跟踪了解客户的业务，整合所掌握的客户提出的需求信息，找到客户真正或潜在的需求，并据此提供创新的金融服务和金融产品；经常跟踪监督客户服务质量。
A-4	具有以客户为中心的市场意识，不断优化客户结构，营造优质客户群。	能够把满足客户的实际要求当做自己工作的职责，并根据客户需求提供个性化的金融产品和方案；为客户提供专业的帮助和其他方面的支持。
A-5	把服务意识当做银行经营的宗旨。	认识到完美的服务对于银行经营的重要意义，以客户需求为中心；具有关注重点客户的差异化服务意识；为客户提供全方位服务，努力为本单位树立良好的企业形象，以提高客户对本行的忠诚度。

［正向案例 1］

主动出击，服务制胜

A 企业是一家工贸一体化民营企业，注册资本 1000 万元人民币，主要生产和销售医用高分子材料及制品。该公司主导产品是在体外循环条件下进行心脏直视手术时替代人体肺的装置（学名氧合器），是某市唯一一家通过 3C 认证的三类医疗器械生产经营公司。

某行以小企业贷款产品为切入点，深入挖掘新客户。在发现A企业之后，即展开初步调查，之后即列A企业为该行重点小企业客户。该行某客户经理直击重点，先后三次致电该公司法人代表均未能如愿，然其不折不挠的精神已打动了客户，最终客户同意在周末约见该客户经理。会访了解到，A企业刚刚投放新产品，其原有产品市场的销售量也在不断扩大，企业对流动资金的需求越来越大，自有资金不足以应付日常经营周转的问题凸显，已有意寻求金融机构合作。

　　A企业已被多家银行认定为优质客户，多家商业银行均已上门营销，但该公司均不为所动。经过周某的会面与洽谈，该公司法人代表对某行客户经理周末主动上门营销的举动深表赞赏，初步同意向该行提供评级授信资料，随后该客户经理更积极公关争取，后续再次拜访客户，介绍该行产品优势，迅速组织人员赶到异地评估，加班加点完成评级授信资料上报。

　　最终，某行以主动上门服务、坚持不懈的精神赢得客户的信赖，并针对企业暂时无法提供有效本地抵押担保的困难，灵活运用小企业信贷政策，上下联动，很快就发放小企业流动资金贷款700万元，成功营销了该优质小企业客户。

[正向案例2]

真诚服务，赢得信赖

　　某日，一支行的对公客户经理小王在一次朋友的婚宴上认识了某五金工厂的财务科科长，在交谈过程中，小王发现该五金工厂的经营情况很好，工厂收到的国外订单很多，发展势头十分迅猛。小王认识到，这家企业肯定是一个优质的银行客户，所以，第二天一大早，就亲自来到该家企业拜访该财务科科长。尽管财务科科长对小王的拜访表示欢迎，但是得知来意后，该科长委婉地拒绝了小王的要求。后来小王了解到，原来该工厂一直在另一个大银行开户，对该支行知之甚少。但是小王并未气馁，他觉得即使最终不能成功获得该客户，也得让该工厂对他的支行的服务有更全面的了解。因此，他一有机会就上门拜访该科长，有时候和科长拉拉家常，有时候和科长一起讨论企业管理问题。渐渐地，他就成为了该科长的一个熟客。终于有一次，该科长无意中向他抱怨一笔拖欠货款，该货款的拖欠已经让工厂产生了资金问题。小王当时没有说什么，一回去却对该问题做了认真的思考，并借助多方关系，帮助该科长解决了这个问题。

在收到款项的第二天，该科长主动联系小王，说他准备把基本结算账户挪到小王所在的支行，让小王帮忙一下。小王的真诚服务和坚持不懈终于赢得了该工厂的信赖。

[反向案例]

服务欠缺，惨遭退单

A企业是韩国一家高端 MP3、MP4 厂商在全球唯一的生产基地，此前 A 企业是他行重点客户，某行经过多番努力，把该客户从他行争取过来，目前业务集中在某行办理本外币结算和流动资金贷款业务上。

为进一步提高客户对某行的综合贡献度，某行多次向客户推荐付汇宝业务，但都没有成功。客户认为某行付汇手续比 T 行更为苛刻，严格要求 A 企业提供的报关单、发票上的商品名称和金额必须一一对应，而 T 行一般只要求 A 企业提供的报关单金额能覆盖其当次付汇金额，即予以办理。

为解决这个问题，在与企业进一步沟通之后，某行上级部门最终同意对该客户的业务进行特例处理，在该客户办理付汇业务时，允许报关单、发票上的商品名称不一致，但必须有本质关联。后来 A 企业数次持付汇资料前来办理，某行会计均以其商品没有本质关联拒绝办理。最后，客户由于多次被某行退单，决定将付汇业务转去他行办理。

> 精诚所至，金石为开。
>
> ——汉·王充《论衡·感虚篇》

三、如何提升"应变能力"软实力

软实力名称	应变能力	
定义	应变能力是指客户经理在遇到意外或者突发情况时，能够灵活、从容地处理好事情，从而完成任务的能力。	
核心问题	这个特征主要考察客户经理能否及时对突发事故作出处理并尽量减少突发事故对银行利益的负面影响。	
重要性	即使是计划得再完美，也无法对未来作出完全准确的预测。因此，一份计划能否被很好地执行，对客户经理的应变能力要求非常高。如果客户经理能够妥善处理突发事件，那么就能为银行减少成本，使银行的运行更加有效率。	
等级	等级定义	行为表现
A－1	具有一定的变通性。	在自己经常经办的工作或者职责中，如果工作条件或实际情况与预期出现偏差，能够尝试通过其他方式或途径处理，但有时需他人协助。
A－2	能够较灵活地处理工作中的一般性突发事件。	对于自己的工作或职责，在大多数情况下，都能够通过多种方式或途径独立处理好工作中遇到的新问题和新情况。
A－3	面对突发事件能够快速掌握情况并灵活应对。	面对突发事件，能够快速掌握情况，并能够审时度势，根据情况作出决定；能够为适应情况或某人的特别需要而采取行动。
A－4	沉着应对突发事件，通过迂回战术达到目标。	面对突发事件，能够沉着应对，首先稳住当前局面，并迅速采取适当的措施，通过调集资源、寻求帮助等方式迂回解决问题。
A－5	能够根据最终目标灵活调整战略战术，快速决策。	当遇到较大的突发事件时，能够迅速整理信息和思路，设想各种可行方案，根据最终的目标，临时调整战略战术，快速作出行动决策。

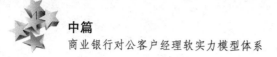

[正向案例1]

灵活处理，留住客户

A企业为某行存量小企业信贷客户，主要经营毛织服装生产销售，生产经营稳定，且能够提供足值抵押物担保。由于A企业拥有大量房产，租金和经营现金流也相对稳定，有较强的偿债能力，T行试图以2000万元短期流动资金贷款置换某行贷款。

某行在发现这一情况后，立即着手研究客户的实际情况和融资偏好。基层经办行请求上级行的支援，通过上下联动营销，多次走访客户，重点切中客户需求来介绍工商物业贷的优点，引导其以长期、短期融资相结合的方式来规避信贷规模控制、资金使用不可预计等不利因素。

期间，上级行领导多次亲自登门拜访，不仅维护好银企关系，也给企业吃下了一颗"定心丸"。基层行一方面加强与上级行相关部门的沟通，在最短时间内完成评级授信调查和上报；另一方面调出优质资产对应权证重新办理抵押登记。而该行审批部高效率完成了融资方案的审批，顺利完成对客户旧有流动资金贷款余额的改造。最后，在相关抵押登记办妥的前提下，某行落实客户2500万元的授信额度（含工商物业贷额度），并在权限范围内悉数发放。

某行以灵活的处理手法，彻底挫败了T行对A企业客户的介入企图，在竞争中又一次完胜。

[正向案例2]

沉着应对客户之急

几年前，A行对公客户经理小周千辛万苦争取到当地政府一个基建项目。这个基建项目是在当地的一座山上投资建立一个水塔，以解决全镇的用水问题。对于A行来说，该项目有利于维系与当地政府的友好关系，另外，项目的回报率也非常可观。然而，项目刚实施了几天，小周就接到镇主任的电话，说项目施行遇到一些困难，想取消贷款。听到这个消息，小周马上赶到镇政府。来到镇政府后，小周说："取消贷款的事情不急，先说一说项目遇到什么困难，说不定我能够帮上忙。"经过一番交谈，小周才知，原来镇里有几个村的人听说在山上建水塔会破坏村里风水，所以几番试图阻止工程施工。昨天，还纠集了上百人来镇政府闹事，给镇主任造成了很大的压力。小周想道，本来这修水利工程就是为民造福，没想到弄成这个结果。但是他又不想放弃这个项目，所以他向镇政府承诺，给他三天的时间，让他想个对策。三天后，他让镇政府请所有的村长来开个会议，坚定建水塔的信心。然后，他从各村村长中获知闹事的带头人。隔天，小周和镇主任、各村村长一起"拜访"了这些带头人，或晓之以理，或用法律威严劝告。同时，派一些镇办事员到各个村里去，协助村长进行宣传，为村民解释建水塔的好处。一个月后，工程终于顺利施工。镇政府对小周也感激不尽，与该行的关系也变得十分密切。

[反向案例]

缺乏应变，错过时机

X复合包装材料厂自成立后即与T银行建立信贷关系，T银行于1990年4月9日发放首笔流动贷款10万元，期限至1990年9月15日。后根据企业经营需要又新增贷款344万元。截至破产前，该企业在T银行贷款余额为354万元，均为多年办理借新还旧形成，其中：280万元贷款期限为2000年9月14日至2001年7月15日，保证人为W公司；74万元贷款期限为1999年8月13日至2000年7月25日，以企业自身设备作抵押。由于市场竞争加剧，企业经营状况日趋恶化，无法正常经营，最终造成连年亏损。企业破产后，由于抵押物变现价值低，保证人失去代偿能力，最终导致银行的债权损失。

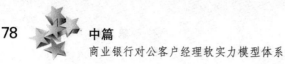

在 X 企业出现经营状况下滑时，T 银行客户经理的风险意识淡薄，没有对企业的预警信号进行认真地评价，没有在企业经营刚开始恶化时，及时对贷款进行清收，延误了贷款的退出时机。同时，在企业问题暴露时，又没有足够的应变能力来采取有效的应对措施，从而使得银行利益遭受了巨大损失。

善用兵者，譬如率然；率然者，常山之蛇也。

——《孙子兵法》九地篇

四、如何提升"协调能力"软实力

软实力名称	协调能力	
定义	协调能力是指客户经理在工作中善于协调银行内外部多方关系，促成相互理解，获得他人的支持与配合，促进业务的发展。	
核心问题	这个特征主要测评客户经理能否多方面思考，妥善处理银行内外部关系，促进各方相互理解相互配合，实现共赢。	
重要性	具备协调能力的客户经理不仅能够化解各方矛盾，还能聚分力为合力，发挥协和作用。实践表明，客户经理通过妥善处理多方关系，能够为银行获得较好的环境和条件，有效地促进业务的开展。	
等级	等级定义	行为表现
A－1	能协调简单的关系，取得一定的理解和支持。	客户经理在简单的关系中，如上下级、同事之间，能够通过工作关系获得一定的理解与支持。
A－2	通过调整与妥协，促成配合与合作。	倾向于以制度的形式明确各方职责；能够体谅和理解他人，愿意就具体情况作出调整与妥协，并最终促成各方的配合与合作。
A－3	从对方的角度，争取配合与支持。	能够打破自我中心的思维模式，尝试从对方的角度和立场考虑问题，体察对方感受，促进相互理解。引导对方权衡事情的利弊，明确自己的责任权利，促成配合与合作。

续表

等级	等级定义	行为表现
A-4	平衡各方付出与收益，促成配合与支持。	能够找到共同的目标，明确各方责任，分清事情利弊，平衡各方付出与收益，调动各方的积极性；在遇到障碍时，能够以积极心态和不懈的努力对待冲突和矛盾；重视信息的分享，用心倾听各方的意见，积极寻找共赢方案。
A-5	妥善处理各种关系，有效组织各种资源获得配合与支持。	有卓越的协调能力，是组织内部的桥梁，能与上下级做好沟通，并妥善处理好上下级关系，促进员工相互理解，获得他们支持与配合；能够有效组织各类资源，通过说服、协调等方式得到相关部门或人员的支持，具有强大的说服力；能有效应对协调中的问题，并根据实际情况及时作出调整和回应；能有意识地在组织内部搭建沟通平台，通过机制建设确保沟通渠道的顺畅。

[正向案例]

上下联动，协调配合

某年，某行顺利营销房地产企业 50 多户，与其县辖内 18 家大型房地产公司签订委托代收协议，子账户的缴存工作也陆续开展，预计第二年带来 5000 万元储蓄存款。某行住房维修资金业务的开展，加强了与房地产企业的沟通与合作，带动了其他业务的发展，现已有多家房地产企业有意办理物业代扣业务，及购买法人理财产品。

在营销过程中，该行上下联动，相互协作，推进该业务的顺利开展。

首先，该行领导对代理业务非常重视，专门成立以行长为组长的住房维修资金业务领导小组，县政府、主管单位逐个拜访，步步攻关，最终取得了县政府与主管单位的认可，成为当地首家代理行。

其次，通过节日拜访，增进银企之间的交流和合作。为更快与各房地产商建立合作关系，某行与房管局达成协议，房地产公司在办理预售证前必须开立托管账户，否则无法办理，为某行开展该业务提供了有力的支持。

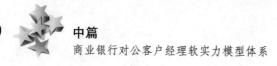

　　最后，该行各级员工齐心协力做好服务工作。在环保建设局与该行开立托管账户后，个贷营销客户经理负责开发商与楼盘的营销工作，逐户拜访与落实。前台柜员对该新业务不断学习，遇到问题积极向兄弟行学习，熟练掌握业务的操作流程。最终，该行不仅成功营销住房维修资金业务，各项业务也同步得到拓展。

[反向案例]

协调不畅，望洋兴叹

　　日新电器有限公司为特大型日资电器制造集团，年销售额超过了200亿元。公司在北京、上海、广东、济南等18个地区设厂，包括日新空调、日新洗衣机、日新映象等公司，日新电器有限公司负责日新中国工厂产品的销售，下属10家分公司：北京分公司、大连分公司、上海分公司、成都分公司、厦门分公司、广州分公司、深圳分公司、杭州分公司、济南分公司、武汉分公司。

　　日新电器有限公司资金管理模式：在上海成立资金管理中心——日新电器（中国）有限公司上海分公司，资金全部由日新集团结算中心统一管理，10家分公司执行"收支两条线"，账户零余额管理。系统内需要对外融资全部由集团结算中心统一融资。需要资金随时从外资银行融入，有资金收入随时还款，保证融资成本最低。

　　根据客户的需求情况，某银行认为该客户在"采购、销售、融资、理财、管理"五大需要中，最突出需要的是两类服务，一是降低采购成本，二是资金的集中管理。H分行的A客户经理给出了设计方案，然而在操作过程中协调相关单位时却出现了配合不到位等许多事先没有预料到的问题，导致客户最终放弃与H分行的合作。

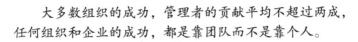

> 大多数组织的成功，管理者的贡献平均不超过两成，任何组织和企业的成功，都是靠团队而不是靠个人。
>
> ——罗伯特·凯利（纽约银行梅隆公司CEO）

五、如何提升"公关能力"软实力

软实力名称	公关能力	
定义	公关能力是指客户经理能够协调和处理好与客户、政府等各方面的关系，建立、维持友好的合作关系，并能够充分利用这些关系来拓展业务或促进工作的能力。	
核心问题	这个特征主要测评客户经理能否通过一些社会实践活动从而有目的、有计划地改善或者维持某种公共关系状态。	
重要性	客户经理是银行中与客户接触最多的员工。客户经理通过以身作则，良好的服务形象展示，能够塑造和提升银行在客户的形象。公关能力强的客户经理还能够在复杂的外界压力下，有效地分析利害关系，及时采取措施，改善公共关系，从而使形势向着银行有利的方向发展。	
等级	等级定义	行为表现
A－1	有一定的公关能力。	懂得对外交流与公关基本礼仪，能有效地控制自己的情绪；具有一定的抗压能力。
A－2	有较强的公关能力。	具有较强的社交能力，善于处理各种复杂的人际关系；会自觉通过各种机会去了解客户的需求，以便在需要的时候为其提供便利；从建立私人关系开始发展到建立业务联系，为银行争取更多的机会；懂得将优质客户作为重点的公关对象。
A－3	能够协调好与当地政府的关系，从而在开展业务时获得他们的支持。	在日常生活和工作中重视维护与客户及当地政府的关系；能够在从政府那里获取重要信息或优质客户资源，为银行业务的发展赢得外部支援。
A－4	具有相当强的公关能力，在公关过程中具有主动性。	具有相当强的社交公关能力，拥有广泛的社交网络；经常主动地去关注有关客户的信息，并发掘其潜在需求；能够利用客户和政府资源去拓展新业务。
A－5	把开展公关当做整个理财工作的重要组成部分。	能够把公关作为工作的重点环节，经常通过各种方式来加强与客户和政府的关系维护；树立公关意识，通过建立并维护好社交网络，促进银行业务发展；能够冷静地处理突发事件，解决银行内外部的矛盾。

[正向案例 1]

大力公关，终有斩获

一直以来，某行公司信贷客户由基层经办行来服务和管理，这种传统的营销管理模式对于一般客户实用，而对于大型优质企业则难以奏效。基层行在员工综合素质、审批权限等方面都很难满足客户的需要。为切实做好大型优质客户的服务，该行创新实施"分层次营销"。

近期，某行将 A 集团客户从其下级行的众多客户营销群体中抽离出来，直接牵头营销重要谈判性项目，下级行则全力协助并做好客户日常性服务。在整个营销过程中，上下级分工明确，形成无缝连接，切实做好客户服务工作，极大发挥出"分层次营销"的强大效力。

该行领导高度重视与 A 集团的合作伙伴关系，多次与 A 集团进行高层会晤。其中，某下级行副行长一到任，就把 A 集团"分层次营销"作为一项重要工作来抓，在多个关键的营销阶段，该行长带领营销团队及时出现在 A 集团，开展卓有成效的营销措施，并成功争取到上级行的大力支持，抓住了成功的突破口为多次高层营销奠定了双方良好的合作基础，赢得了客户对某行服务的信心。

[正向案例 2]

公关是好的"形象"工程

某分行曾因为某一基建项目贷款一直没有落实，一直得不到政府的支持。其上级分行为了改变这种现状，特派了一位资深对公客户经理来负责该行的对公业务。

该资深经理来了之后，通过各种方式积极地和政府人员沟通。他一方面向总行申请贷款，另一方面向当地政府承诺在一定的期限内把陈欠款项补足。后来，在他的积极协调下，该分行终于凑足款项交给当地政府。在该基建项目完工时，当地政府特地邀请他参加剪彩仪式，自此，该银行与当地政府关系有所好转。但是仅仅补足陈欠款项是不足以获得当地政府的信任的。因此，该资深经理又策划了很多公益活动，大大地改善了当地群众对银行的看法。在这些公益活动中，该资深经理特地邀请了政府相关部门的负责人参加。通过这些公益活动，该行的形象在当地政府心目中大大改善。后来，该资深经理获知当地政府又有一基建项目需要贷款，果断承担下来。最后，款项得到落实，项目完美竣工。自此，当地政府对该行另眼相待，很多业务都主动要求该行办理。

[反向案例]

公关不畅，催收受阻

H行客户经理B接到一项任务，要求他赶赴沈阳，催收A公司的贷款。A公司与H行合作了多年，并且该公司的业务在沈阳也发展得不错，可是A公司最近还款却总是要一催再催。H行已打算从A公司退出，上次已经派其他客户经理去催收过一次，可是吃了闭门羹。客户经理B以前跟A公司没有任何交情，他知道，没有好的接触方式，自己这次去了也是徒劳。然而客户经理B虽然知道要完成任务，就必须找到一个恰当的接触方式与A公司的相关人员建立起一种友好的关系，然而因为缺乏相应的公关能力，客户经理B始终没能找到合适的机会，只好无功而返。

经营企业，是许多环节的共同运作，差一个念头，就决定整个失败

——松下幸之助（松下电器创始人）

第七章　如何提升商业银行对公客户经理个人软实力

本章提要　本章对"商业银行对公客户经理软实力模型"的个人软实力特征群进行了介绍。对于对公客户经理来说，进行自我"修身"是"治国"、"平天下"的基础和前提。对公客户经理个人软实力特征群包括"责任心"和"职业操守"等素质特征。对每一个软实力素质特征，本章提供了来自许多叱咤风云的对公客户经理的成功或失败的经典行为事件，相信能够帮助银行管理者找到成长为卓越领导者的途径。

一、如何提升"责任心"软实力

软实力名称	责任心	
定义	责任心是指客户经理能够认识到自己的本职工作对于银行运作的重要性，并愿意承担相应的责任，为实现银行的目标而不懈奋斗。这要求客户经理热爱本职工作，充分发挥主人翁的精神，认真负责、全心投入，为其他成员作出很好的表率。	
核心问题	这个特征主要评估客户经理能否正确认识自己在银行的角色和职责，能否敢于承担，主动承担责任。	
重要性	做任何一种工作都应该具有责任心，具有责任心的客户经理往往本着对客户高度负责的态度，尽量维护银行和客户的利益。责任心强的客户经理也能够任劳任怨，对工作精益求精。	
等级	等级定义	行为表现
A－1	能够在日常工作中体现出责任心。	能够自觉遵守银行的各项规章制度；按时保质保量地完成日常工作任务。
A－2	能够认真做好本职工作。	清楚自己在银行中的位置和角色，热爱自己的工作，能够全力以赴并出色地完成本职工作；把工作绩效的提高和银行整体目标的实现作为自己的重要责任。

续表

等级	等级定义	行为表现
A-3	客户经理能够把组织和客户的事情当成自己的事情来关注。	有较强的道德观念，敢于承担责任；对组织和客户抱有较高的责任心，把他们的事情当成自己的事情对待；在完成本职工作的前提下，力求完美，不断在工作中提高自己。
A-4	能够主动承担责任。	不管面对多么艰难的任务，都能够认真完成，善始善终；把完成自己的工作职责当成是最重要的事情，对待任何工作都全力以赴；银行目标的实现能给他带来巨大的满足感，这驱使他主动承担更多的职责。
A-5	具有高度的责任心，必要时，愿意为组织牺牲个人利益。	凡是应该尽快完成的任务，都会按时保质保量完成，即使牺牲私人时间也无任何怨言；当有需要的时候，客户经理甚至愿意主动加班；对组织和客户都抱有高度的责任心，必要时愿意为组织牺牲个人利益。

[正向案例1]

高度负责，客户赞赏

某行一客户经理接到一位白金卡客户 A 先生的电话，A 先生抱怨卡片失去磁性，目前无法使用，斥责某行制作的银行卡质量差。A 先生称自己一直使用白金卡，这次卡片失磁给他造成诸多不便。

该客户经理接听完电话之后，立即向上级汇报情况。某行迅速作出反应，该行行长亲自致电 A 先生，约好时间上门拜访，详细询问卡片消磁的原因，并由客户经理引领 A 先生到该行办理收卡业务，同时积极向上级行寻求援助。大家上下齐心协力，在 5 个工作日内为 A 先生更换卡片，得到 A 先生的极力赞赏。

在 A 先生领卡后，该客户经理继续跟进客户用卡情况。每月均温馨提醒其按时还款，礼貌回应 A 先生的每一次来电咨询，热情服务 A 先生的每一次到访，让 A 先生真切感受到作为某行白金卡客户所享受到的贴心服务。后来 A 先生表示：没想到某行服务速度如此之快，后期还给客户做这么多的跟踪服务，真正体验到某行人的责任心，体验到白金卡的尊贵服务，并表示今后继续与该行合作。

[正向案例 2]

负责任的银行是好银行

　　前几年，一家本地公司在 A 行办理托收业务，买方为南美的一家公司，代收行是南美的一家与 A 行有账户关系的 B 银行。该公司外贸人员对南美当地的习惯做法并不了解，选择的托收方式为 90 天的远期 D/P，而客户银行经理在办理这个业务时也没注意到这一点。所以这批货物一到港，南美买方立即承兑该汇票，从 B 行获取货运提单提取货物。后来，货物市场行情不好，南美买方在到期日不肯付款。该公司获知买方未付款便能提取货物后，十分生气，便询问 A 行。后来，经 A 行与代收行交谈后，才知道南美当地的习惯做法是把远期 D/P90 天做成 D/A90 天。尽管责任是在该公司的外贸员上，但是 A 行还是积极为该公司提供解决对策。首先，引进该公司与当地著名的律师进行交流。然后，得知起诉获胜希望不大后，A 行利用与 B 行的友好关系，积极促成买卖双方的友好谈判。最后，终于以双方的互相让步而得以妥善解决。解决该问题后，该公司对 A 行感激不尽，以后的结算业务都尽可能地选择在 A 行办理。

　　本来责任不在银行身上，银行可以不予理会，但是银行还是尽心尽责维护客户的利益，积极帮助客户解决问题。责任心强的银行自然会获得客户的青睐。

[反向案例]

缺乏责任心，贷款没保障

　　B 银行因客户经理责任心不强、调查肤浅、盲目依靠媒体和公众言论作为依据，未能发现企业经营中存在的问题，致使贷款投入不断增加，最终遭受了极大的损失。LT 总公司是大型农业企业，1998 年与 B 银行建立信贷关系。B 银行客户经理只是简单对该公司进行一些调查，并参考媒体与公众对其的大量宣传以及该公司作为上市公司的情况，随后便对该公司在信贷资金上给予大力支持，最高时贷款余额为8.5亿元。2002年初，因虚假财务信息事件，该公司生产经营活动停滞，造成B银行22500万元贷款出现极大风险。其后，B银行虽试图挽回损失，并诉诸法律，但无奈该公司资产大幅缩水受偿极为有限。

该案例中客户经理的问题在于：一是责任心不强，贷前调查简单，调查结果失真，导致银行决策失误。二是贷后管理情况存在缺陷和漏洞。在B银行的贷后检查工作中，由于LT总公司的分支机构分散在全国各地，企业实行集中贷款、分散使用，另由于该行客户经理对贷款的管理方式落后，检查工作仍主要依赖于企业单方面提供的汇报及财务资料，对企业实际情况不能详细地了解和掌握，造成企业出现的隐患和提供虚假的财务信息对银行的决策产生了误导。

> 对一个人来说，所期望的不是别的，而仅仅是他能全力以赴和献身于一种美好事业。
>
> ——爱因斯坦（著名科学家）

二、如何提升"职业操守"软实力

软实力名称	职业操守
定义	职业操守是指客户经理重视规范和规则对于组织在形成良好的氛围和秩序中的作用，也要求组织重视外部规则的约束作用，从而做到依法行事，做遵守职业操守的典范。
核心问题	客户经理能否自觉遵守本职业特点所要求遵循的行为准则和规范。
重要性	职业操守是对本职人员在工作中行为的要求，也是本职业对社会所负的道德责任和义务。它要求员工能够爱岗敬业，具有良好的道德品质。遵守职业操守是组织对每个员工的基本要求。

续表

等级	等级定义	行为表现
A－1	基本能够遵守日常工作规范，但是执行不够彻底。	在有监督的情况下能够遵守职业操守规范。
A－2	能够遵守相关的规范和准则。	能够自觉遵守相关职业操守。
A－3	客户经理能随着有关法律和政策的变化而遵守相关的规范和准则。	在相关的法律或政策出台后，能够主动进行学习理解，并按照新的职业操守标准要求自己。
A－4	客户经理具有很强的规则和规范意识，经常监督这些规则和规范的实施，并且重视在本行业形成的潜规则。	具有很强的规则和规范意识，并能以身作则；能够采取通俗方式把规则和规范意识及时地贯彻到日常工作中；能够理解、领悟和重视在长期活动中形成的关于银行业的潜规则。
A－5	在银行内形成一种重视规范和规则的意识。	在银行内部形成重视规范和规则的意识；使内部员工能够做到，在原则性问题上遵守规则；制定的内部规则具有很强的灵活性和可操作性，并能得到同行业广泛认可。

[正向案例]

拾金不昧，诚信服务

一日，某行客户经理发现营业大厅一柜台凹槽内有一叠现金，封签完好1万元整。他立即妥善保管好这笔钱款，继而申请调阅当天营业录像资料，认真进行分析辨认。从录像回放中发现，临近下班时分，有位女士在柜台取款，她携带的小孩突然跑开，于是她立马跑出去追小孩，匆忙中将钱留在了柜台的凹槽内。

该客户经理立即申请调阅相应时段的交易凭证，发现这位客户是附近的石女士。通过查看石女士的客户资料，第一时间与她取得联系，在核实其身份后说明原委，通知石女士回来领取遗漏现金。石女士赶来领取遗漏现金时，激动万分，紧紧地握住该客户经理的手，对该行认真负责、拾金不昧的精神连声称赞。

某行客户经理真诚热情的服务赢得了客户的信赖。次日，石女士再次返回某行，这一次她不仅带来30万元现金存款，同时也把她的企业结算账户一并转来某行，另外还介绍一些朋友前来购买基金和理财产品。

[反向案例1]

漠视客户，形象受损

近期，王先生到某行 ATM 取款，取款过程中手机响了，王先生见取款机吐卡便赶忙取出，转身离开取款机接电话。打完电话再次取款，才发现这台 ATM 的操作与一般机器不同，这台机器是先吐卡后出钞。他没取到现金，卡上却已减少了 1000 元。这时他赶紧到营业厅询问。

王先生到营业厅遇到新员工甲，即向其说明原委。员工甲回复：钱可能被后面排队取款的人拿走，这老爷机反应特慢，系统早就落后了，早该报废了。王先生问损失的 1000 元怎么办？员工甲回复：你多等一下就不会有事，只能自认倒霉。王先生立刻拨打 110 报警，之后民警赶来查阅实时录像，确为王先生身后男子乘机取走，民警表示将帮助王先生追回损失。然而几天之后，王先生仍没有收到任何消息，他即前往某行理论。

王先生称这次丢钱银行也有一定责任，首先 ATM 系统太落后，直接致使他的现金被偷，因此要求银行赔偿；其次员工甲服务态度较差，要向其上级单位投诉，并要求该行领导道歉。后来某行行长亲自出面调解，向客户赔礼道歉，才平息了这场风波。员工甲也受到行领导的严厉批评，客户到营业厅吵架，严重损害了银行的形象和声誉。

从案例中可以看出，当客户有紧急要求时，应该及时帮客户解决。如果向客户"自暴家丑"，客户极易相信内部员工对本机构的负面评价，进而对银行产生非常不好的印象。该员工的言行表明他极不认同所在单位，当着客户指责自己单位，对自己、单位和客户都极不负责。这种缺乏职业操守素养的行为，既体现出员工本人的素质低，同时也给单位带来一些负面影响。

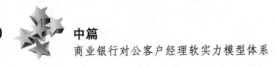

[反向案例2]

漠视法律，必遭制裁

几年前，有一个客户经理看到某村镇干部将大量的土地补偿款存进银行，想通过借鸡下蛋，获取大量利益。因此，该客户经理游说该村镇干部将钱购买理财产品，并称可随时抽回资金。经不起利益诱惑，该村镇干部同意将其中几百万元用于购买客户经理推荐的理财产品。不久，该客户经理把这笔钱转存自己的个人账号，用于购买期货和炒股。后来，村镇干部挪用资金的事情曝光，而该客户经理由于市场行情不好，已经把资金亏了一大半。最后，村镇干部和客户经理均受到了法律的制裁，银行也遭受了很大的损失。

> 勿以恶小而为之，勿以善小而不为。惟贤惟德，能服于人。
>
> ——刘备（蜀汉昭烈帝）

第八章　如何提升商业银行
对公客户经理管理软实力

本章提要　本章对"商业银行对公客户经理软实力模型"的管理软实力特征群进行了介绍。对公客户经理是名管理者，必须具备管理软实力。对公客户经理管理软实力特征群包括"团队精神"、"团队领导"、"风险意识"和"风险驾驭"等素质特征。对每一个软实力素质特征，本章提供了来自许多叱咤风云的对公客户经理的成功或失败的经典行为事件，相信对读者将具有很好的启发作用。

一、如何提升"团队精神"软实力

软实力名称	团队精神	
定义	团队精神是指在工作过程中，客户经理与团队成员紧密团结、协同合作，共同实现组织目标。	
核心问题	客户经理能否具备团队意识，愿意协同合作，凝聚整个团队，为完成团队目标不断努力。	
重要性	团队精神能够让客户经理领导团队齐心协力，朝着一个目标努力，做到个人利益和整体利益的统一，保证组织的高效率运转。团队精神也能培养客户经理的大局意识，产生对组织的使命感和归属感，从而产生强大的凝聚力。	
等级	等级定义	行为表现
A-1	在日常工作中，能够征求同事的意见和建议，加强与其他成员的交流。	能够在工作中征求团队成员的意见和建议，考虑到为他人工作提供方便。
A-2	能够在工作中给予团队成员帮助和支持。	广泛地征求团队成员的建议和意见；在有需要的时候给予团队成员帮助和支持。

续表

等级	等级定义	行为表现
A－3	为了团队目标的实现，主动为团队成员提供帮助和资源。	关注团队成员工作中遇到的困难，并能主动提供帮助；能够以欣赏、信任和支持的态度对待每一个团队成员，愿意为团队的其他成员和团队目标的实现提供资源与帮助。
A－4	能够在工作、生活各方面关心帮助团队成员，增强团队凝聚力。	除了工作中主动提供帮助，客户经理能经常主动地关心同事、下属的生活；能够急团队成员之所急，想团队成员之所想；在团队内部形成提倡和鼓励相互合作、共同发展的氛围。
A－5	团队意识极强，能够为了团队利益牺牲自己的利益，注重培养团队精神和团队协作的组织环境。	为了团队的整体利益，能够牺牲自己的利益，团队意识极强，主动帮助团队成员提高业务能力，解决各种困难，鼓励团队成员围绕团队绩效自觉开展工作；把团队工作作为重要工作任务来执行，带动成员形成团队意识。

[正向案例1]

群策群力，终获垂青

A集团工业产量占所在城市工业总产值的16%，是当地规模最大、实力最强的企业集团。一直以来，T行是A集团的金融业务主办行，A集团及关联企业的基本账户、账户结算、代发工资等业务均在T行办理。某行一直将A集团列为重点营销客户，密切关注A集团的发展与金融服务需求。

近期，某行了解到T行与A集团高层关系恶化，A集团领导有意更换业务主办行。某行立即精心选择各有专长的业务骨干组建强有力的营销团队，因地制宜地做好A集团业务市场调研，团队成员各司其职，针对其三大板块业务发展情况、企业特点、同业竞争状况进行分析。充分进行市场分析后，营销团队刻不容缓，实施分层次客户营销，全方位营销金融产品，得到该集团领导和员工的高度评价，为与该集团整体业务合作打开了良好的新局面。

经过一系列营销行动，某行营销团队的营销方式逐渐从日常向专业、从表面向纵深、从常规向市场转变，营销手法也从"以产品为中心"的单纯推销方式向着"以客户为中心"的方案营销转化；营销内容从最初的单一业务营销向为用户提供一揽子服务的综合性营销转变，对业务收入的贡献率日益突出，极大地促进了某行经营和业务的发展。

[正向案例2]

团结就是力量

随着大陆经济的发展，越来越多的台资企业来大陆进行投资。某银行抓住这一机遇，专门成立了一个为台资企业服务的营销团队。该营销团队的客户经理经过精心挑选，各有所长，互为补充。有的客户经理拥有广泛的人脉资源，为收集客户信息提供了很大的帮助；有的客户经理善于根据客户的具体情况，为客户选择合适的金融服务；有的客户经理拥有很好的沟通能力，能够在为客户服务的过程中解决客户对银行业务的各种困惑。当客户对所提供的金融方案不满意时，该团队第一时间开会商讨对策，不断反思总结，尽力为客户提供满意的金融方案。该营销团队的客户经理互相信任，不计较个人得失，从客户的需求出发，得到了很多台资企业的一致好评，也让该银行在台资企业资源的竞争中取得了很大的优势。

很多时候，要争取一个优质企业客户，往往要求客户经理具有很高的素质，而银行要培养一个具有高素质的客户经理是需要很高成本的。如果能够让有团队意识的客户经理互相合作，发挥各自所长，这将成为银行的一种可持续竞争优势。

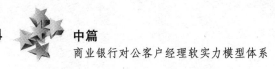

[反向案例]

一盘散沙，强者不强

　　为成功营销某大型国有企业，A行专门从各机构抽调了业绩最为优秀、专业素质最强的几名客户经理组成了一个豪华的"超级团队"。在许多人眼中，这应该是最强大的一个营销团队，拿下这个大项目不成问题。然而，最终的结果却出人意料，这个"超级团队"并没有在竞标中表现出优于其他团队的优势，反倒因为许多环节的配合不到位，引起企业的不满，被认为是一个组织松散、专业化低的团队。

　　精心的安排得到的为什么是这样一个结果呢？这是因为团队里的每个成员都觉得自己才应该是团队的队长，在竞标中单打独斗，全然没有配合，根本就没有想过要把自己融入整个团队，团队凝聚力大大降低。这种队员的内耗和冲突使整个团队变得平庸，在这种队员缺乏团队合作精神的情况下，1 + 1 不仅不会大于或等于 2，甚至还会小于 2。

　　一致是强有力的，而纷争易于被征服。

　　　　　　　　　　　　　　　　　　——古希腊著名寓言家

二、如何提升"团队领导"软实力

软实力名称	团队领导
定义	团队领导是指客户经理能够指导团队成员的工作开展，调动团队成员的工作积极性，营造积极向上的团队工作氛围，提高团队绩效的能力。
核心问题	这个特征主要考察对公客户经理能否有效对团队成员进行指导，调动其积极性，从而提高整个团队的办事效率，实现团队目标。

续表

软实力名称	团队领导	
重要性	客户经理不仅要面对外部客户，许多时候也要对团队成员进行指导，并带领团队实现共同目标。因此，团队领导也是客户经理做好当前工作以及日后向上发展应具备的重要素质。	
等级	等级定义	可能的行为表现
A-1	指导：能够以自身扎实的业务水平指导团队队员的工作开展。	在工作中能够凭借自己丰富的工作经验，扎实的业务功底去指导队员开展工作。
A-2	支持：能够在工作中给予团队成员帮助和支持。	在团队队员有需要的时候，能够给予团队成员必要的帮助和支持。
A-3	鼓励：能够在工作生活中给予团队成员帮助和支持，调动团队的工作积极性。	重视团队成员在工作和生活中遇到的困难，并主动提供帮助；能够以欣赏、信任和支持的态度对待每一个团队成员，愿意为团队其他成员和团队目标的实现提供资源与帮助，能够调动团队成员的工作积极性。
A-4	感染：帮助队员、尊重队员，在团队中营造一种积极向上的工作氛围；同时以身作则，以真情去感染队员。	通过关心帮助成员、尊重他们、信任支持他们的工作、鼓舞他们的士气，以自己的人格魅力和影响力在团队中营造一种积极向上的工作氛围。
A-5	倾情：团队意识极强，全身心倾情投入，能够为了团队利益牺牲自己的利益，注重培育团队精神和提高团队绩效。	为了团队的整体利益，满腔热情，孜孜以求，能够牺牲自己的利益；同时帮助团队成员提高业务能力，解决团队成员遇到的各种困难，营造积极向上的工作氛围，鼓励团队成员围绕团队绩效自觉开展工作，提高团队绩效水平。

[正向案例1]

客户经理的第一课

分行客户经理团队组建后，团队负责人张经理组织的第一次培训竟是礼仪培训。很多人对此不以为然，特别是那些在银行工作了十多年的员工，对小张的这一举动颇有微词，认为他这是在搞形式主义，搞花架子，还有人以冷眼旁观的态度注视着这一切。

　　小张对这些风言风语不仅不去理会，还请了专业人士帮助员工搞个人形象设计，要求客户经理的个人形象与银行形象要匹配。在客户经理行为守则中，把个人的穿着化妆列入其中。因为银行的客户经理经常与不同层次的客户打交道，客户经理的个人行为代表银行的整体素质，一言一行都要彬彬有礼，服装修饰要整洁得体。

　　经过一段时间的培训，客户经理的形象大为改观，一些不修边幅的人越来越注重自己的穿着打扮了，一些不拘小节的人学会了基本的商业礼仪。渐渐地，银行客户经理的整体形象得到客户的认可。他们觉得该行的客户经理总能给人以赏心悦目的清新感觉，打起交道来心情愉快。而客户经理本身由于注重保持良好的个人形象，精神状态越来越好，对市场的自信心大大提高，拓展市场的劲头更大，不到半年，小张的这支客户经理队伍就取得了骄人的业绩，从此再也没有人议论他和他的客户经理队伍培训了，而为了适应不断发展变化的社会环境，他的礼仪培训定期举办，并成为了全行员工培训的必修课。

　　中国是礼仪之邦，不仅做客户经理需要礼仪培训，人生的第一课也应该是礼仪。小张通过礼仪培训不仅改善了客户经理的整体形象，更是通过这种方式把他们打造成为一支有战斗力的队伍。

[正向案例2]

领导方式决定团队成败

　　某客户经理所带领的团队的业绩非常好，究其原因，他说，自己无非就是懂得多一点领导的艺术而已。

　　原来，很多客户经理都一直关注于自己的业务，却很少对自己的下属进行指导。而该客户经理却不一样，他一般每周都会组织例会与自己的下属交流，认真解答下属的疑问，向下属传授经验。有时候，他还亲自带下属去与客户交流。同时，他为团队建立了一个资源共享平台，每个成员都能够在上面获取或者提供潜在的客户资源。另外，他还特别鼓励团队合作，有时候他组成一个营销小组专门制订落实针对某一大客户的营销计划。最后，在他的领导下，整个团队形成了信任、和谐、学习的氛围。他也为银行培养了很多人才，很多他的下属最终都成为了优秀的客户经理。有一次，某个成员发现了一个潜在的优质客户，但是由于竞争对手很多，营销工作比较难以开展。该客户经理立即组成一个专门小组，该小组分工明确，组员各有所长，因此，无论从信息收集到金融方案设计，都比其他竞争对手做得更好，最后该团队成功击败了很多资深客户经理，赢得了该客户。总而言之，该客户经理凭借着其高超的领导艺术，将团队的协和作用最大化，因此，团队的业绩才如此突出。

[反向案例]

八小时以外的较量

　　C分行工会主任在下班前又强调了一遍：晚上参加金融系统知识竞赛的队员和观众都要着行服，按时到场。

　　可是到了晚上他才发现，其他银行的队员和观众都整整齐齐，着装统一，配带着本行的工号牌，唯有他们分行的人员看上去五颜六色，长裙短裙、汗衫T恤，什么服装都有。参赛的队员尽管都穿了行服，但是由于没有化妆，在舞台光的照射下，显得有些苍白，看上去无精打采的。尤其跟其他行精神焕发的队员相比，更是缺少朝气。

　　台下的观众，是按照区域就座的，每一家银行呈方阵排列。在一个个的方阵中，C分行就更为突出了：没有行旗，没有领队，只见一片花花绿绿，只听一片叽叽嘎嘎。方队前的一条横幅上写着C分行的字样，松松地晃来荡去。

　　工会主任着急地问："通知穿行服，为什么还不穿？"

　　下面又是一片叽叽嘎嘎："八小时以内穿行服，现在是八小时以外，穿什么由我们自己决定。""那套行服我们早就穿腻了，还让我们

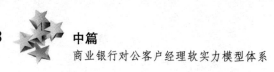
穿？""知识竞赛重在知识，穿什么都不重要。"

工会主任无可奈何地摇着头说："那好，大家注意，现在我讲一讲会场纪律……"叽叽嘎嘎的声音仍然没有停下来，有的还不时换一换位置。

竞赛结束了，C分行代表队满盘皆输。坐在观众席上的员工又七嘴八舌地议论起失败的原因，有的说是队员临场发挥不好；有的说还是知识掌握得不熟练；还有的发表高见说，不是自己太弱了，而是对手太强了。唯独没有人说起服装、说起精神面貌。

在飞速发展的经济社会中，竞争已经超出了八小时，不管是八小时以内还是以外，都存在着较量，而且这种较量的内涵更深。如果员工仅以八小时来衡量是否需要遵守规则，那么这个银行的企业文化就是失败的。如果员工队伍不能在公众面前保持统一的形象，士气就不会高涨，失败也就在预料之中了。

> 我在公司里的作用就像水泥，把许多优秀的人才黏合起来，使他们力气往一个地方使。
>
> ——马云（阿里巴巴CEO）

三、如何提升"风险意识"软实力

软实力名称	风险意识
定义	风险意识是指客户经理掌握一定的风险管理知识，具备一定的识别、衡量银行潜在风险的能力。
核心问题	风险意识要求客户经理具备一定的风险管理知识，能够有效识别、衡量、防范业务风险、市场风险和道德风险等常见风险。
重要性	有收益，必定有风险。具有风险意识的客户经理能够预见、评估可能的风险，并结合收益以及银行能够承担和控制风险的能力作决策。风险意识能够让客户经理更注重寻求优质客户，而不是追求客户的数量增加。

续表

等级	等级定义	行为表现
A-1	具备一定的风险意识。	客户经理能够有意识地搜集有关信息，并利用所获得的信息进行初步的风险评估。
A-2	具备较强的风险意识和一定的风险控制能力。	客户经理能够在处理业务的过程中，重视有关风险信息的搜集，评估业务的潜在风险，并通过一定的方法尽量降低风险。
A-3	风险意识强，把风险管理当成是自己的工作职责和目标之一。	客户经理非常重视风险管理，常常主动学习有关业务的风险知识，积极配合其他人员对客户的风险进行控制。客户经理能够认识到风险管理对银行的重要性，把客户的风险管理当成是自己的职责和目标。
A-4	具备较强的风险意识和较强的风险控制能力。	客户经理能够在处理业务的过程中，重视有关风险信息的搜集，能够敏锐洞察风险，较准确地评估风险，并通过有效的方法规避风险。
A-5	能够不断地根据环境的变化对风险进行重新评估，能够像高层一样，以银行的利益为出发点，为新业务的风险控制提出好方案。	客户经理具备系统的风险管理知识，非常熟悉业务的风险防范和处理措施，也能主动地根据环境的变化重估业务风险。常常指导下属进行风险控制，培养下属的风险意识。对于新开展的业务，在风险防范方面常常有很好的见解和方案。

[正向案例1]

强化风险，防范风险

　　A企业是一家主要生产皮革制品的两头在外企业，也是某行存量贷款客户。

　　年底，客户经理在日常资金监测中发现A企业资金回流不断减少，通过间接方式了解A企业母公司及上下游企业情况，发现A企业母公司和上下游企业经营正常。

　　企业资金回笼为什么会不断减少呢？客户经理产生了这样一个疑问，带着疑问马上去拜访客户，在财务人员工作台上发现一份"投资预算"文件，翻阅后发现A企业有在越南投资设厂的计划，这时客户经理意识到企业可能要搬厂，该行贷款的第一还款来源可能缺乏保障。

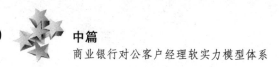
客户经理立刻返回单位向行领导汇报情况，商议应对策略。一方面，该客户经理继续不动声色地为企业办理低风险业务；另一方面，也对企业的贷款只收不贷，逐步收回银行贷款，切实防止潜在风险的发生。

事实证明，客户经理在日常的贷后管理中，风险敏锐力十分重要，通过对相关的信息进行资料收集和论证，最终具备敏锐的风险判断和分析能力，是成功防止潜在风险贷款向不良贷款转化的重要能力。

[正向案例2]

不惧风险，实现共赢

有一家老字号国有企业，由于近几年经营业绩比较差，很多银行都停止了对该企业的信贷。某银行曾提供该企业大量贷款，因此，如果简单地停止对该企业的贷款，则很难收回原来的贷款，但是继续贷款，又要承担更大的风险。就在银行处于"两难境地"，难以抉择时，某资深客户经理了解该公司的具体情况后，认为该公司的发展前景很好，建议银行继续为该企业提供信贷支持，并主动承担了该企业的贷款管理重任。如何找到资金来源渠道，有效地清收陈欠贷款，同时有效防范增量贷款风险，成为他每天思考的一个问题。在对该公司进行彻底的调查后，他在以下几个方面加强了对该公司的信贷管理：首先，他落实了该企业优质资产的依法抵押登记。其次，结合该国有企业改制的情形，由母公司进行贷款，有计划地将资金调配给各个子公司，保证了新增贷款的专款专用。最后，要求每个子公司制订一个清偿贷款的计划，每年提取一定的利润偿还贷款。这样一来，该国有企业有了足够的经营资金，在几年内利润大增，不仅偿还了该银行的贷款，还将其结算业务转到该银行办理。

有多大的收益，就要承担多大的风险。作为客户经理，不能惧怕风险，但是也不能不防范风险。只有具有敏锐的风险判断和分析能力，对风险进行有效管理，银企才能做到共赢！

[反向案例1]

忽视风险，造成不良

A 企业是一家专业贸易公司，也是某行优质客户，抵押物十分充足。

上半年，企业在某行的资金回笼不断减少，但该行客户经理没有去调查企业是否出现经营问题，凭经验判断为企业所从事贸易行业的季节问题，且企业提供的抵押物十分充足，该笔贷款风险可控。因此，既没有去企业现场检查，又没去了解企业的经营和资金流情况。5 个月后，企业因股东内部矛盾造成公司经营出现问题，最终停止了经营，某行贷款也形成不良。与此同时，企业的另一融资银行却在很早就发现企业的问题，并加紧对企业贷款催收，最终在企业停业前两个月收回了全部贷款。

虽然某行最后通过拍卖抵押物全额收回了贷款本息，但事实表明：由于客户经理没有重视日常的风险管理工作，过多凭借个人经验主观判断，没有及时地进行现场贷后检查和排除风险，最终造成潜在风险贷款转变为不良。

[反向案例2]

没有无风险的收入

A 银行在开始办理福费廷业务时，就曾由于缺乏风险意识而遭受严重损失。

当时，一优质客户与 A 银行签订了福费廷协议。在签订该协议前，A 银行没有认真评估票据承兑人 C 国 B 银行的信用级别。后来，该客户将协议下的票据包括"无追索权"背书的 B 银行承兑汇票提交给 A 银行。然而刚过了一个月，C 国经济、政治环境发生重大变化，B 银行突然倒闭，资金全部被 C 国冻结。最终，A 银行无法收回款项，遭受严重损失。

银行不能仅仅看到一笔业务中所得到的收入，还要认识到其中的风险。在评估其中的风险后，对于能够控制风险的业务，则可以办理；对于风险不能完全控制的业务，则要小心谨慎。

> 宜未雨而绸缪，毋临渴而掘井。
>
> ——《朱子治家格言》

四、如何提升"风险驾驭"软实力

软实力名称	风险驾驭	
定义	风险驾驭能力是指客户经理能够综合运用风险管理知识，采取合理的经济和技术手段驾驭各种风险，以最小的成本为银行获取最大的效益。	
核心问题	这个特征不仅要评估客户经理是否具备综合、系统的风险管理知识，还要考察其能否采取有效的策略，花最少的资源去化解最大的风险。	
重要性	风险并不可怕，可怕的是缺乏风险驾驭能力。拥有风险驾驭能力的客户经理能够正确认识银行所能控制和承担风险的程度，从而有目的地寻找符合要求的客户，大大减少了银行的业务风险。	
等级	等级定义	行为表现
A-1	未能及时发现并处理风险。	对风险的敏感程度不高，总是等到风险发生后或给银行造成一定的损失时才寻求帮助，采取补救性措施。
A-2	能够及时有效地处理风险。	有一定的风险管理经验，能够及时发现风险，并采取有效措施化解风险，防止损失的扩大。
A-3	提前对风险进行有效控制，对于新的风险也能较好地处理。	有较强的风险驾驭能力，能够准确把握业务的风险点，采取有效的防范措施，尽可能地减少风险对银行造成的损失。对于新出现的风险，也能找到较好的解决方法。
A-4	能够正确处理风险和利润的关系，既不会畏缩不前，又不会漠视风险。	既能兼顾银行的盈利目标，又能意识到银行经营中存在的风险；能够根据具体情况分析把握好风险和利润之间的关系，合理平衡好银行风险管理与市场营销、市场开拓三者的关系，做到既不畏首畏尾，也不漠视风险。
A-5	具有全面的风险经营观，并能敏锐觉察识别风险，有效规避风险。	具有全面的风险管理意识，对可能出现的各种风险都能作出较好的预测；能够正确地处理风险和收益之间的关系；在遇到风险时能处变不惊，并采取全方位的措施规避风险，或者预备多套可行方案。

[正向案例]

风险防控，积极发展

A企业为台湾某集团公司在大陆设立的一家大型玻璃制造企业，注册资本1000万美元，年销售额近2亿元人民币，公司基本结算、融资业务全部集中在某行办理。

因海外业务发展迅速，A企业产能不能满足母公司需要，且A企业厂房在市区，土地厂房租赁费用较贵，生产成本偏高，母公司计划在某市高新技术开发区重新建厂，注册资金2500万美元，主要生产销售特种玻璃，并将A企业所有产品转过新厂生产。该项目已向当地政府以出让方式获得土地使用权，厂房建设基本完成，目前需采购生产设备，急需用款。

某行在了解这一情况后，首先，严格审查该项目是否符合某行业务准入条件，重点分析母公司主业、主营业务现金流量、集团成长的稳定性和核心竞争力，以及与银行的合作态度。其次，采取将A企业和新厂统一授信，控制关联客户授信总量。再次，要求A企业母公司提供集团核心资产设定抵押，控制由关联企业担保；对关联企业担保的信贷业务，要从严掌握担保企业的担保能力。最后，加强贷后管理，密切关注整个集团客户的经营状况。在切实做好风险防范工作后，某行成功向该客户发放6500万元项目贷款。

[反向案例1]

提高风险识别，强化风险驾驭

Y县铁山垅钨矿是国有中型企业，与G银行建立关系时间悠久，截至2005年3月，Y矿资产总额9062万元。其中，固定资产3702万元，流动资产5011万元，长期投资349万元，负债总额7016万元，账面资产负债率77.42%。从2004年9月以来，随着国际钨市场价格持续低迷，该矿生产经营连年出现亏损，被列入企业关闭破产新增建议项目名单。该矿发生经营亏损的原因是多方面的，引起贷款形成不良的原因主要有以下几个方面：一是 Y 矿资源严重枯竭，濒临停产。二是 1985 年受"大矿大开，小矿放开，有水快流"的影响，多年不规范的无序开采，采富弃贫，导致遗留的贫矿不再具有独立的回采价值，有的则造成重大的安全隐患，无法安全回收，给矿山资源造成了重大损失。三是负重经营，长期亏损，扭亏无望。四是银行在计划经济时期形成的信贷管理及信贷人员素质，在步入市场经济后不能及时改进信贷管理观念，虽然发放贷款给予了企业暂时的生产稳定，但却带来了贷款风险，在企业经营出现不良信号时，没有及时采取措施压缩贷款。

教训是深刻的，一个优秀的客户经理需要加强政策学习，提高政策性风险识别能力，及时掌握国家政策的调整动态和方向，对其进行前瞻性分析研究。企业的经营策略和思路是否符合政策动向，这些都需要信贷人员给出一个明确的判断，只有这样才能正确、及时地调整银行的信贷政策，才不至于失去清收的最佳时机。案例警示银行要提高客户经理的风险驾驭能力，强化行业信贷指导政策，建立对贷款高风险行业的预测预报及有效退出机制。

[反向案例 2]

风险控制无小事

某银行接受一笔托收业务，成为其代收行。托收的方式是远期 D/P45 天，即在提示汇票 45 天后进口商交款取单。银行提示汇票时货物已经到港，此时，由于该货物市场行情不错，进口商向银行申请通过信托收据借取海运提单提前取货。该银行考虑到由于销售款项都还给银行以清偿贷款，即使进口商倒闭，银行对货物或货款（如果货物已经售出）都拥有优先债权，所以没有要求进口商提供担保。结果，由于进口商管理出现问题，导致该货物保管不善被火烧毁。该进口商又遇到其他债务关系而倒闭，无力还款。最后，代收行只得在付款日向出口商付款，遭受重大的损失。

如果该客户经理在提供信托单据时要求进口商提供足额的担保，或许银行就不会出现损失或损失就能被降到最小。

唯有忧患意识，才能永远长存。

——葛洛夫（英特尔公司CEO）

第九章 如何提升商业银行
对公客户经理认知软实力

本章提要 本章对"商业银行对公客户经理软实力模型"的认知软实力特征群进行了介绍。认知软实力特征群包括"市场洞察"、"分析判断"、"知识面宽"、"信息搜集"和"专业知识"等素质特征。对每一个软实力素质特征，本章提供了来自许多叱咤风云的对公客户经理的成功或失败的经典行为事件，相信对读者将具有很好的启发作用。

一、如何提升"市场洞察"软实力

软实力名称	市场洞察	
定义	市场洞察是指客户经理密切关注市场动向，通过对变化中反映出来的现象、数据、信息等进行分析提炼，发现有用信息，洞察市场机会。	
核心问题	客户经理对市场变化的敏感程度以及能否正确预测未来的市场趋势并制定有效策略。	
重要性	银行的竞争就是对客户的竞争。具备洞察力的客户经理往往能够做到高瞻远瞩，在洞察市场变化、研究发展规律的基础上，发现竞争突破点，引领市场潮流并抢先占据有利地位，使银行立于不败之地。	
等级	等级定义	行为表现
A-1	能够通过一些现象和信息中发现较明显的市场机会。	对市场和客户信息比较关注，并能通过所收集的数据或客户提供的信息中发现较明显的市场机会。
A-2	具有一定洞察力，能够从看似平常的信息中找到可利用的机会。	能够仔细聆听客户的谈话，发现客户的潜在需求，并据此有针对性地开展营销。
A-3	非常关注市场和客户的变化，善于捕捉细节，并从中推断可能的机会。	高度关注行业变化和客户需求，善于捕捉和利用细节，并从中推断潜在机会，组织有效的营销方案。

续表

等级	等级定义	行为表现
A－4	密切关注客户的需求和竞争对手的动向，并及时调整营销策略。	能够充分了解和识别影响市场的各种潜在因素，根据客户的需求和竞争对手的动向及时调整营销策略；能够认真分析客户的潜在要求，进行合理的服务搭配，满足客户的需求。
A－5	抓住市场的先机，从客户的角度，主动创造需求。	能够通过科学分析把握市场变化，捕捉市场机会；能够对不同年龄、不同层次的客户需求进行准确的分析，并从中寻找突破口，创造客户需求。

［正向案例1］

敏锐洞察，抢占先机

为规范建设领域工资支付行为，预防和妥善解决建筑施工企业拖欠劳动者工资问题，某市颁发管理办法要求建筑施工企业在施工地银行开设工资支付保证金专用账户，由建设单位按工程总造价的3%一次性把全部保证金存入该账户，各镇建设办对辖内保证金缴纳、支取事项实施监督和审批，确保保证金专款专用。

一直以来，T行在当地代理多项建设项目，托管系统开发已趋成熟，而某行建设项目托管业务才刚刚起步。近期，某行投产监管资金及支付保证金系统，为竞争建设项目工作带来机遇。

当地政府要求所有建筑单位缴存一定比例的保证金，在银行设立专户作储存，保证金实行每个工程项目一个专户制度，每个专户最高金额不超过300万元。某行预计当地建筑项目会带来1亿元以上的保证金存款，于是，行领导亲自到当地建设局、社保局大力营销，并督促下属支行迅速对各镇（街道）建设办展开营销，收集信息、拜访客户、与客户沟通和协商有条不紊地开展工作。由于该行介入时间最早，以高效、优质、真诚的服务赢得客户的认可，最后抢占到业务先机并最终获得承办资格。

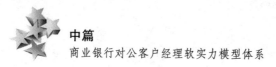
[正向案例2]

细微处见大商机

"非典"期间，某分理处的客户经理发现前来兑换硬币的客户非常多。该客户经理立即意识到，大家把纸币兑换成硬币不是偶发事件，应该是出于卫生考虑，比较偏好硬币。如果是这样的话，那么，很多商场在未来一段时间内肯定需要大量的硬币。如果分理处能够及时为大型商场提供足够的硬币，那么将在竞争大型商场客户中夺得先机。于是，该客户经理一有时间就跑去分行提取一元的硬币，拿到分理处储备。果然，在后来的营销中，很多大型商场对分理处及时提供充足的硬币感到十分满意，纷纷在该分理处开立了账户，并存入了大量的款项。

对公客户经理也是营销工作者。预测市场需求与及时满足需求的能力对对公客户经理来说是非常重要的。如果对公客户经理能够敏锐地洞察市场需求的变化，就能及时制定对策，在竞争中处于不败之地。

[反向案例]

观念陈旧，决策失误

本案例中 H 银行在当前煤炭价格空前高涨，煤炭企业持续向好时，忽视其贷款客户国家大型煤炭企业经营现状，仍按照六年至十年前的老思路制定现阶段的信贷管理政策，最终导致信贷资产蒙受损失。S 矿业集团是国家大型煤炭企业，2005 年 4 月末，该企业在 H 银行短期流动资金贷款余额 81800 万元。1999 年（含）以后发放的贷款 1 笔、10000 万元。该企业不欠 H 银行贷款利息。该公司在 H 银行贷款全部为抵押贷款，抵押贷款金额为 81800 万元，以其房产作抵押，抵押物价值为 255882 万元，所有抵押均没有办理抵押登记。在煤炭形势好转、企业资金相对宽裕的情况下，H 银行将该企业贷款认定为不良贷款，但并没有对贷款进行压缩和清收。

问题出在什么地方呢？脱离市场环境、脱离国家产业导向，用六年到十年前的企业困境和老思路对现有贷款风险情况进行主观臆断，只能造成贷款决策的人为偏差，最终导致银行贷款人为形成风险。案例说明作为一个合格的客户经理要密切关注行业经济热点变化和国家产业政策，应该时刻贴近市场和了解国家产业政策导向，并长期深入企业内部了解企业真实的经营状况，培养较强的市场洞察能力，才能对贷款管理作出合理的决策。

机会像小偷，来时无声无息，走后我们却损失惨重。如果要免予损失，只有抓住机会。

——佚名

二、如何提升"分析判断"软实力

软实力名称	分析判断	
定义	分析判断是指客户经理善于分析具体情况，辨别形势，厘清关系，把握问题的本质和关键，作出准确判断的能力。	
核心问题	这个特征主要考察客户经理能否有效地对当前的形势进行分析，并在清楚认识问题的基础上找出有效的解决方案。	
重要性	客户经理通过对市场的分析，常常能够找到业务竞争的突破点。具备分析判断能力的客户经理也能够有效甄别客户的质量，提高客户的优质率，从而能降低银行的风险承担。	
等级	等级定义	行为表现
A-1	能够分析和判断一般性问题。	对于不太复杂的问题，能够根据现有信息分析事情的性质和成因、结果，并厘清思路，作出基本的判断。
A-2	具备较好的分析和判断问题的能力。	能够根据外部信息和自己的经验分析具体问题；对事物有自己的见解，能够深入分析事物的各种特征，并作出判断；有一定的综合分析和推理能力，能从大量工作制订的众多方案中找到一个合适方案。

续表

等级	等级定义	行为表现
A－3	能够把握较复杂的问题，并作出较准确的判断。	能够较快地认清和把握事物的本质，对于较复杂的问题，能够厘清思路，有较好的综合分析能力和推理判断能力；能够根据事情特征和发生发展情况，判断问题的走向和结果。
A－4	迅速把握问题实质，作出准确判断。	能够快速调用现有信息和已有经验，迅速认清和把握事物的本质；对事物有独到见解，并能有理有据；能够根据表象与表面线索，对事物之间的深层联系作出推断；综合分析能力强，能够快速地从众多方案中找到最优方案。
A－5	具有卓越的分析推断能力，并能迅速找到最佳方案。	具有卓越的逻辑思维能力以及心理分析能力，对于事物的本质能够把握的非常准确；具有卓越的推理能力，对事物的发展轨迹把握得一清二楚；总是能快速地找到最优解决方案。

［正向案例］

准确判断，合理评估

A企业是从事生产加工小麦的大型实体企业，生产的面粉品质优良并长期供货给徐福记、香港日清等实力较强的企业。公司资金运作稳健，融资需求不大，故而某行多次公关客户资产业务都未有突破。

最近，A企业法定代表登门造访，提出该公司整船进口小麦的思路，由于单笔进口额预计1200万美元，小麦进口采购时机难得，需要银行给予进口开证及后续进口押汇的融资需求，并要求在一周内对外开出进口信用证。

综合各方意见，某行迅速给出3个工作日内为客户调增授信并开出信用证的服务承诺，以确保客户顺利签下大单。最后经过各方努力，某行兑现了对客户的承诺，信用证如期开出，帮助客户顺利地采购回所需原材料。此后，A企业所有结算业务全部转来某行办理。

这一次能成功办理该笔进口信用证，完全归功于平时留意该企业的经营情况，在细心听完该企业法定代表人对国内小麦收购政策、面粉整体行业现状、进口小麦价格优势等信息后，某行立刻研讨该笔大宗交易的可行性，敲定操作流程及风险控制手段，并及时与上级行审批部门取得共识。

"快、准、狠"一直是某行服务客户的理念。时间上"快"人一步，当客户的业务还只是在形成思路的阶段快速把握住客户，看"准"业务发展先机，并给出明确的建议，"狠"下工夫稳固客户让他成为忠实的客户。

[反向案例1]

判断有误，评估失真

J糖厂为国有企业，该企业在A行贷款6790万元，其中流动资金贷款6250万元，贷款用途为借新还旧；项目贷款540万元，贷款用途为扩建生产线。贷款四级分类全部为呆滞，五级分类全部为可疑。从担保方式上看，6790万元贷款中，保证贷款650万元，保证人为A公司，属于非关联企业互保。抵押贷款6140万元，抵押物为机械设备、房屋、土地使用权，已办理抵押登记。

分析该企业可疑类贷款的形成过程，可以发现，关键因素在于以下几点：（1）银行在进行贷款投放时，忽视了自然环境对企业生产经营产生的巨大影响。近三年连续干旱，致使甜菜大量减产，严重影响了企业生产经营。该企业一个榨季加工甜菜生产设计能力为15万吨，而2000年只收购甜菜5万吨，生产绵白糖6500吨。2001年收购甜菜7万吨，平均收菜320元/吨（含每吨运费30元），生产白糖8107吨，白糖成本4180元/吨，平均售价3280元/吨，加之附属产品经营亏损，企业当年亏损400万元。企业亏损，使银行贷款失去还款来源。（2）甜菜产量下降，企业间竞争加剧。因企业赊欠农民的甜菜收购款，严重削减了农民种菜的积极性，当地原材料甜菜种植面积减小，三年的自然灾害，甜菜出产量下降，加之县内两个糖厂竞价抢购甜菜，致使企业甜菜收购价在同行业为最高，造成企业经营成本增高，加大亏损。

(3) 加入世界贸易组织后，国内糖业市场受到冲击较大，无销售收入，使银行贷款形成不良。随着我国加入世贸组织，国家为平抑国内糖价，大量进口白糖来降低我国的白糖价格，我国糖业市场受冲击较大，按该企业经营的成本测算，只要加工就会亏损。企业产品市场在逐年缩小。经近几年的艰苦经营，该企业出现潜亏5488万元，生产资金严重短缺，企业很难维持经营，处于破产边缘，企业无销售收入来源偿还LN银行到期贷款，使银行贷款形成不良。因此，客户经理必须培养自己的分析判断能力，才能对贷款作出合理的评估并采取合理的对策。

[反向案例2]

客户识别需谨慎

在竞争年代，能否争取到大客户对于银行提升其自身影响力和核心竞争力起到至关重要的作用。某银行为了提升自身业绩，制定了大客户的发展和管理策略，并要求业务部门加大争取大客户的力度，提高大客户的比例。

小王是该银行业务部的客户经理，通过关系极力争取某大型百货集团。为了开发该客户，小王满足了该百货集团的苛刻条件，向该客户提供了结算、刷卡等一揽子服务，并定时提供大量贷款，且派人上门收款，相应的服务费用则给予一定的优惠，甚至还给该百货集团免费安装了管理系统。

该集团很快就被小王的真诚和优惠条件所吸引，便与该集团建立了长期的合作关系。在合作期内该集团的交易量很大，小王的业绩也相应得到大大地提高。但是由于服务透支，成本居高不下，使得银行在该客户身上没有获得较好的收益。

并不是所有的大客户都值得争取。客户经理应该在争取大客户时也要对其进行分析判断，量力而行，保持自己的利益底线。没有收益的销售不是好的销售。

> 有两种能力至关重要：一是思考能力；二是分清事情的轻重缓急，并妥当处理的能力。
>
> ——戴尔·卡耐基（著名人际关系大师）

三、如何提升"知识面宽"软实力

软实力名称	知识面宽	
定义	知识面宽是指客户经理熟悉银行经营及管理过程中需要的金融、经济、法学、心理学和管理学等各个方面的知识，能够运用于工作实践，促进业务发展。	
核心问题	这个特征要求客户经理不局限于专业知识，还应该不断地学习法律、经济、管理，甚至重要客户所处行业领域的知识。	
重要性	知识就是力量。知识面宽的客户经理理解能力强，思考问题比较全面，解决问题比较周全，因此，常常在与客户的营销谈判中能够更好地了解客户的需求，提供更为专业的服务，实现银企双赢。	
等级	等级定义	可能的行为表现
A-1	具有系统的经济学基础和金融专业知识。	了解银行业的基本的知识及相关金融及经济学态势，并能运用这些知识帮助其达成目标；拥有一定的实际工作经验，并能推动当前工作的开展。
A-2	具有广泛的知识和经验。	了解哲学、法学、社会学、心理学和管理学等学科的基本常识；经常通过各种渠道了解与金融工作相关的信息。
A-3	能够以发展的眼光看待知识的发展更新。	能够跟上金融领域知识的发展，在不同的情景下有效运用现有知识；懂得存贷款、信用卡、证券交易、外汇交易和住房抵押贷款等服务项目。

续表

等级	等级定义	行为表现
A-4	知识、经验的拓展性。	和他人分享专业知识，并能传授下属相关知识，用自己的专业培养和影响下属；能够让同事或下属从其经验中得到启发，推动他们工作的开展，并能充分利用他人的相关经验。
A-5	能够将所学新知识和已经总结的经验运用到日常工作中。	能够将所学新知识学以致用，与日常业务联系起来；能够寻求机会提高对组织外部新知识的认识水平，并能带动组织外部整个银行领域的发展；能够及时总结日常工作中的经验，并及时地运用到日后的工作中。

[正向案例1]

知识丰富，应对自如

近期，某行一客户经理接触到客户 A 企业老板，交谈中了解到该客户有大量存款在 T 行，于是一直在想办法争取该客户，但却苦于无从入手。

一个偶然的机会，该客户经理得知 A 企业老板对收藏石头有特殊爱好，家里石头藏品甚多，而该客户经理对石头并无兴趣，更无甚研究。灵机一动，该客户经理发觉这是一个很好的营销切入点，于是利用业余时间积累这方面的知识，并想方设法联系到一个专门的石头加工厂家学习。

经过一段时间的学习，该客户经理再次拜访该客户，没有谈业务，而是与客户交流石头的鉴赏，并虚心向客户请教石头工艺。客户大为惊讶，即邀请该客户经理上门共同欣赏其藏品。在参观其珍藏的石头工艺品后，该客户经理意识到自己切入点选择的正确性——该客户各类石头藏品价值千万元。通过进一步的接触，该客户经理逐渐与客户建立了良好的关系，并赢得了该客户的信任，最终将该客户企业存款吸引到某行，同时也营销到该客户为私人银行客户。

作为客户经理，一开始不可能什么都懂，但是能够有针对性地不断补充自己的知识，就会慢慢成长起来。

[正向案例2]

知识就是力量

作为对公客户经理，单纯拥有专业知识肯定是不够的。在竞争激烈的时代，客户经理越是了解客户和客户所在的行业，其竞争优势就越大。

某银行的对公客户经理小杨每天认真积极工作，拜访了很多企业，但是往往都被拒绝了。后来向一些有经验的客户经理学习，才意识到对公客户经理的知识不只局限于银行业务。

后来，小杨约见了一家生物工程行业的客户。这次，小杨专门请教处于该行业的一些朋友，自己上网学习了解该行业的一些知识。在与该客户的交流过程中，小杨无意地提到疫苗的历史价格和现在的价格变化、产品的升级换代情况等，并与客户探讨疫苗在进出口过程中常常遇到的问题，该客户立即对小杨刮目相看，在交流结束时，说道："小杨你真是个人才，现在银行的服务都差不多，但了解我们行业的客户经理不多，和你们合作我有信心。"之后，该银行与客户建立了长期的合作关系，小杨也经常被该客户邀请去参加一些行业会议，也得到认识了很多新客户的机会。

有时候客户并不关心银行的业务能力究竟有多优秀，而是关心客户经理是否真正了解他们的行业，了解他们的需求。真正了解客户的客户经理才是让客户最放心的客户经理。

[反向案例]

知识结构单一，沟通纽带缺乏

A 集团是 H 行的优质客户，H 行得知其董事长对端砚十分感兴趣，于是举办了一个端砚收藏品鉴赏活动，专门邀请该董事长前去参观。这一举措不但加深了与 A 集团的联系，而且丰富了对高端客户服务交流共享的内涵，同时也加强了对私人银行及财富管理等优质客户的维护和拓展，打造高端客户服务品牌以及私人银行客户和财富客户信息共享增值平台。

然而，由于客户经理对端砚知识的缺乏，对基本鉴赏常识的不了解，在其与董事长沟通的过程中多次出现冷场，无法进一步与其拉近关系，在一定程度上削弱了此次活动的效果。

具有共同的爱好和话题，对于增进感情，加强沟通具有意想不到的效果。要想与客户拥有更多的共同爱好和话题，就要求对公客户经理尽可能去完善自己的知识结构，丰富知识内容，这样才能在营销的时候快速找到与客户增进感情的纽带，促进业务的开展。

打动人心的最佳方式是跟他谈论他最喜欢的事物。

——戴尔·卡耐基（著名人际关系学大师）

四、如何提升"信息搜集"软实力

软实力名称	信息搜集	
定义	信息搜集是指客户经理能够从各种纷繁复杂的信息中选择所需的信息，获取有利的信息，并能有效地处理信息，据此作出及时准确的判断和决策。	
核心问题	这个特征主要为了识别客户经理是否有效及时地收集数据，并对数据进行分析，提取有用的信息，并利用该信息为银行创造价值。	
重要性	在信息时代里，信息的收集与分辨是非常重要的能力。客户经理如果善于从多个途径收集信息，往往能够发现一些潜在的客户需求或者对未来行业的发展趋势作出有效地预测，从而及时制定策略，作出有效应对。	
等级	等级定义	行为表现
A-1	能够通过有限途径搜集信息。	一般通过报纸、刊物等最基本、最传统的途径搜集信息，信息渠道相对狭窄；对信息不够敏感，对与银行业务有关的信息认识较为表面。

续表

等级	等级定义	行为表现
A-2	能够通过多个途径、多种渠道来搜集信息。	能够通过各种途径，包括网络、报刊、书籍等多个方面了解信息；在行业内拥有广阔的人际关系网，方便搜集信息；不仅注意到银行业的信息，而且视野广泛，能够注意到很多其他信息，并能综合运用。
A-3	系统化地搜集、总结信息，信息敏感度较高。	能够通过多渠道、多种方式搜集信息，并且对信息能够进行及时的归类总结；对所搜集的信息有总体的了解，在需要时能够迅速找到所需信息，并且能够综合起来灵活运用。
A-4	能够把信息搜集看做一种技术。	善于借助和维护各种渠道和途径来获取需要的信息；为了得到准确信息，客户经理获取信息通常应具有目的性和计划性；能够把信息搜集和处理能力当做一种重要的能力和技术来看待，并且在银行内重视对成员信息搜集能力的培养。
A-5	能够将信息技术运用于业务。	推动银行内部形成系统的持续更新的信息库；能够不断地丰富充实信息库，能够提取其中有用的信息并及时形成信息决策；重视成员日常对信息的搜集和信息的积累。

[正向案例1]

多方搜集信息，促成银团贷款

A企业是某行优质客户，客户经理与企业主关系良好。2008年7月，客户经理在与企业主交谈中，得知企业主有一高档商用物业，最近由于需装修、扩建，正为资金来源烦恼。

这时，客户经理强烈意识到这是难得的业务机会，刚好某行正在大力推广固定资产支持融资业务。客户经理在充分了解项目的资金需求，以及物业所产生的现金流情况后，及时与上级行联系并制订融资方案，同时邀请物业所在地的兄弟行组成银团贷款。2009年8月，某行成功为企业提供融资，并带来了十分可观的投资银行业务收入，解决了企业的资金燃眉之急，受到了企业主的高度评价。

事实证明，客户经理在日常的客户交谈中，随时可捕捉到业务信息。同时也说明，对信息的及时处理也极为重要，制订适宜的融资方案是成功营销业务的关键，而信息搜集是某行业务发展的前提。

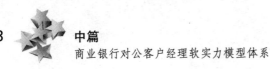

[正向案例2]

抓住有用信息，发现潜在客户

A行的对公客户经理小李节假日回家，在与朋友闲聊中得知其家乡几个个体加工户的生意非常好，但是却一直在为资金问题烦恼。小李意识到这可能是一个很好的营销机会，于是他通过朋友介绍，对每个加工户进行登门拜访。在交谈中，小李得知原来是因为资金结算方式而影响到他们的生产。为此，小李整个假期都在向他们宣传A行的速汇通业务。终于，经过一个多月的努力，几个个体加工户都认识到速汇通业务的优势，将农村信用社的几百万元资金都转存入A行。

[正向案例3]

关注客户动态，实现主动营销

在激烈的竞争环境中，H行进一步明确强化拓荒意识，对优质客户开展精准营销，努力提升客户层次和市场竞争力的工作思路，激励全员发动新一轮拓展优质客户的攻势。近期，该行通过各种信息渠道，捕捉到某村镇银行落户当地的信息后，支行领导班子高度重视，组成营销小组，一方面积极上门开展营销工作，突出H行科技、服务和产品优势，以诚心、耐心和细心赢得客户的信任；另一方面迅速向营业部机构业务部和电子银行与结算部反馈信息，积极争取营业部的大力支持和具体指导，探讨业务开展过程中需要解决的问题及方法，协调职能部室和支行全力做好各项工作，各分管领导及部门紧密配合，争分夺秒、有条不紊地开展营销工作。

而在此期间，该村镇银行先后与A行、B行、C行等金融机构进行业务洽谈，但是都因为上述单位在响应速度上大大滞后于H行，在信息搜集的能力上也表现出明显的劣势。经过多次洽谈营销，该村镇银行最终被H行的服务、业务、科技等优势所打动，选择了在H行开立账户，正式建立了合作关系。

[反向案例]

忽视投诉信息，失去商业良机

　　某银行公司客户经理林某在平时工作中对其所维护的大客户的细微投诉重视不够，客户觉得自己的服务需求难以得到满足，最后，该客户选择到别的银行办理业务。从银行信息挖掘角度来分析，银行受理投诉本身不是目的，目的在于通过接受投诉，及时而圆满地解决客户所不满意的问题，并通过不断修正服务体系中的缺陷，进一步提高客户的整体满意度，减少和降低现有客户的反叛率。要重要的是，要透过客户的抱怨从中发现信息，发现市场新的需求。

　　当前，我国银行业的发展已经步入了一个全新的竞争时代，各家银行正在不断完善中调整前进的步伐，白热化的市场竞争越来越激烈，在面对客户投诉的过程中任何一家银行在任何一个环节疏忽和怠慢势必带来不可估量的损失。因此，忽视客户投诉将忽视挖掘有价值信息机会，这最终将给银行的发展带来巨大的打击。

　　　　细节在于观察，成功在于积累。

　　　　　　　　　　　　　　　　——爱默生（美国思想家）

五、如何提升"专业知识"软实力

软实力名称	专业知识
定义	专业知识是指客户经理掌握银行对公业务的相关知识，熟悉相关产品，能够为客户提供综合金融服务。
核心问题	这个特征主要评价客户经理是否具备了对公金融业务和银行基本业务的知识，以及这些知识的掌握程度。

软实力名称	专业知识	
重要性	专业知识是客户经理胜任工作的基本前提。客户经理只有具备了专业知识，才能更好地根据客户的需求提供服务，因此，熟练掌握专业知识是提供优质服务的基础和前提。	
等级	等级定义	行为表现
A-1	具有基本的对公客户经理专业知识。	了解公司类相关产品，通过向客户推荐相关产品，促进业务发展；拥有一定年限的银行实际工作经验，并能为当前工作的开展提供帮助。
A-2	具有丰富的业务知识和经验。	熟悉公司类的各种产品，能够根据客户需要，为客户提供符合要求的产品组合与综合性的金融服务。
A-3	能够以发展的眼光看待知识的更新。	具有丰富而完整的知识体系，并能跟上金融领域知识的发展更新，在不同的情境下有效地运用现有知识；有良好丰富的工作经验，能处理好工作过程中出现的各种问题。
A-4	知识、经验的拓展性。	乐于和同事或下属分享其专业知识和工作经验；能用自己的专业知识和工作经验影响同事；既能充分利用他人的相关经验，又能够让同事和下属从其经验中得到启发，推动工作的开展。
A-5	能够将学到的新知识和已经总结的经验运用到日常的工作中去。	能够在学习新知识之余，学以致用，密切联系银行的日常业务；能够及时总结日常工作经验，并及时运用到日后的工作中；能够积极寻求机会（如组织研讨会、经验分享沙龙等）帮助银行员工提高对新业务知识的认识水平。

[正向案例1]

专业是金，赢在专业

2009 年末，人民币升值潜力不断扩大，付汇宝产品优势凸显。在这样的大背景下，某行客户经理敏锐意识到进口原材料的企业会有较大的潜在需求，加强了对付汇宝业务知识及其操作流程的学习，并与即期购汇后 TT 付汇作对比分析，进一步挖掘付汇宝产品的优势。

一个偶然的机会，某行客户经理得知 A 企业年末计划大批付汇，而且单笔金额均在百万美元以上。在知悉这一情况后，该客户经理迅速收集资料，制订出营销方案。经初步调查，A 企业的经营状况、盈利能力、财务状况均符合某行准入条件。于是，该客户经理再次上门营销，向客户流畅地介绍产品的原理、准入条件、优势、业务办理所需的资料，并对 A 企业财务负责人提出疑问给予迅速解答，消除了客户的疑虑，很快就让客户接受了付汇宝产品。最终，该客户经理成功营销到 A 企业付汇宝业务。

从上述营销案例可以总结出一点经验，掌握扎实的专业产品知识，可以提升客户经理自身的专业素质，提升自己及银行在客户中的形象，从而赢得客户的信任，最终达到成功营销的目的。

[正向案例 2]

专业是竞争力

客户经理必须拥有扎实的专业知识，才能不断地发现营销机会，为客户提供满意的服务。

A 行客户经理小李通过朋友获知某煤炭公司拟上市的消息后，一直努力争取该公司成为 A 行的客户。他多次带领营销团队深入企业，了解客户的需求，不断宣传 A 行的优势。但是由于该煤炭公司处于上市辅导期，所以很多银行都加入竞争，营销工作比较难做。

终于有一次，小李在与该公司的财务经理交谈中得知该企业继续从国外采购大型设备以提高生产能力。但是由于处于上市辅导期，财务变化不能太多，公司处于两难境地。

针对这一情况，小李向行领导提出了为该企业办理借款保函业务的建议，得到了行领导的大力支持。保函业务由某大银行为该煤炭公司提供贷款，A 行提供担保，该煤炭公司提供百分之百反担保。这样一来，马上为该公司解决了资金问题，为争取该公司上市资金提供了很大的竞争优势。

后来，小李多次陪同行领导拜访该公司的高层领导，凭借着扎实的专业知识为该公司处理上市的有关事宜。最终，凭借着小李真诚且专业的服务，终于为 A 行赢得了该公司的上市资金。

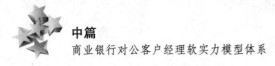
[反向案例]

专业不够，难留客户

为顺应市场形势和业务发展的需要，某行高层战略决策进行流动资金贷款改造，因此贸易融资业务受到该行各分支机构领导的重视。长期以来，某行对贸易融资业务一直都不够重视，客户经理普遍缺乏对这项业务专业性的认识，于是在营销的时候容易碰壁。

近期，某行一名客户经理计划采用"国内信用证＋卖方融资"营销存量流动资金贷款客户A企业，由于该客户经理对产品不熟，且对客户提出的问题预计不充分，在与客户的交谈中，该客户经理对业务的讲解相对笼统模糊，同时又无法对客户提出的疑问给予确切答复，致使A企业老板没有接受某行推荐的产品，也即宣告该营销活动失败。

从上述营销案例中可以总结出一点经验教训，客户经理对产品知识缺乏专业性的认识，营销过程中表现不出对产品的信心，容易让客户产生该产品不成熟、风险较大的负面印象，故而难以接受该产品，最终致使营销活动失败。

> 一个人要么掌握很好的专业技能，要么掌握在生活中无孔不入的本领。这两者都是生财之道。
>
> ——亚·索尔仁尼琴（著名学者）

下篇

商业银行对公客户经理
软实力模型的应用

第十章 个人篇：榜样引领，提升绩效

本章提要 具备良好的软实力是提升对公客户经理绩效的基石。本章以提高对公客户经理的软实力水平为宗旨，基于"商业银行对公客户经理软实力模型"，精心选取了一些成功的对公客户经理以及一些商业银行对公业务管理者的成长案例，给读者一个更加真切的软实力自我提升体验，助力提升绩效，再创新辉煌。

［案例一］ 挥洒青春，勇创佳绩

——某商业银行客户经理成长经历

D同志毕业于X大学电子信息工程专业，入行时碰上机构改革，支行人手严重不足，被分配到支行担任客户经理。他为了适应岗位的要求，虚心向周边的同事请教银行业务知识和技能，同时利用业余时间先后自学财务会计与管理会计等相关知识，并完成X大学金融研究生课程班的学习，通过信贷员资格考试，取得中国银行业从业人员风险管理与个人理财专业资格。证书资格的取得，并没有让他好高骛远，而是更加踏实下来，开始更多地考虑如何将这种知识有效地转化成生产力。在日常的工作实践中，他结合企业的情况积极向客户推荐G行各类信贷产品。三年来，他办理的业务品种涵盖流动资金贷款、国内外保函、银行承兑汇票、银行承兑汇票贴现、各类国际贸易融资业务等多种业务，成为一名业务知识丰富、能力结构全面的对公客户经理。

努力钻研 学以致用

B电子公司是国内著名的彩电生产厂商，是F省唯一一家集"中国驰名商标"、"中国名牌产品"、"中国名牌出口商品"、"国家重点支持和发展的名牌出口商品"于一身的彩电出口企业，年进出口额近十亿美元。在 X 地区内金融机构众多、客户资源十分有限、X 银行业长期以来处于僧多粥少的局面下，对该客户的国际结算业务竞争尤为激烈。D 同志 2006 年起任 B 电子公司客户经理时，该客户虽在 G 行开立基本结算账户，但其国际结算和对公存款的市场份额不足 10%。他仔细分析该客户的进出口经营模式、业务分布情况和 H 行的竞争劣势，积极寻求提高市场份额的机遇。一是将采集到的客户信息及时、全面、客观地向行领导汇报，通过高层的互动营销，加深了与客户间的关系；二是根据企业的进出口业务情况，加大了与客户间的合作范围，从单纯的流动资金贷款、进口信用证扩大到银行承兑汇票、汇票贴现、进出口押汇/代付、福费廷、出口发票融资、出口保理等各类贸易融资；三是改变早期银行被动等待上门办理业务的模式，每天主动进驻企业上门取单、送单，晚上在支行加班审单、撰写调查报告，大大提高业务办理的效率。D 同志的辛勤劳动和良好的工作方法，方便了企业，加快了业务办理效率，得到了企业极大的认可。

三年来，他所分管的客户累计发放本外币贷款 36 亿元，国际结算量 12 亿美元，维护对公存款从最初的不足 5000 万元到现在的 2 亿元，为支行创造了良好的经济效益。2009 年 4 月，经过几个月的不懈努力，在多家银行激烈竞争的情况下，D 同志在行领导的带领下成功营销中国进出口银行对 B 电子公司 6000 万美元的出口卖方信贷的代理行业务。该笔代理业务将为 G 行带来高达数亿美元的国际结算业绩和可观的沉淀资金，同时还能增加中间业务收入，如代理费用、国际结算有关费用等。同时，该笔业务是 X 分行与进出口银行在间隔十年之后的首度成功合作，为今后双方更广阔的合作奠定了良好的基础。

尽职调查　严控风险

安全是银行经营发展的生命线。D 同志在开拓业务的同时，始终不忘风险控制。B 电子公司自 2006 年以来，连续三年出现大幅亏损，X 市各主要金融机构纷纷望而却步，该客户在各行的授信总额由 2007 年的近 50 亿元下降到目前的 15 亿元。D 同志通过企业实地调研，深入分析企业亏损的原因：B

电子公司由于股权转让，一方面新大股东对原国有经营模式下的历史包袱进行处理，造成了严重的亏损；另一方面新大股东也对 B 电子公司的经营管理进行了大刀阔斧的改革，企业经营情况虽然出现短暂的困难，仍是朝着良性的方向发展。2008 年金融危机爆发后，B 电子公司彩电出口业务不仅没受到影响，反而国外客户的订单持续地增加，2009 年上半年的出口量更是逆市增长 80% 以上。D 同志将有关信息及时、准确、客观地向分行、支行领导以及各级管理部门汇报。分行、支行领导及时作出准确的决策：通过贸易融资替代流动资金贷款，降低 H 行融资风险；同时大力支持该公司的出口结算业务，特别是其最大外销客户美国 M 公司的出口业务。D 同志及时、客观反映客户的情况，协助领导作出准确的判断，也得到企业的信任支持，同时他严格落实各项风险管理要求，所分管客户信用记录良好，不良贷款率为零。

敬业爱岗　挥洒青春

D 同志年轻、有活力。自担任客户经理以来，D 同志始终保持高涨的工作热情，敬业爱岗，以优质的服务、创新的精神和良好的风貌服务好客户。他所分管的企业日常业务量大，常常加班加点，可他从未有怨言，脸上总是挂着微笑，感染着身边的每一位客户与同事。而作为共青团中优秀的一员，他在工作、生活和学习中，无时无刻不严格要求自己，通过树立正确的世界观、人生观和价值观来指导实践，工作中的每一笔业务，无论大小、难易，都认真对待、耐心细致。

四年来，D 同志以高度的责任感和使命感，将自己的青春岁月与 A 行的腾飞发展紧紧地联系在一起。在新的形势下，A 行的发展还将面临着更高的挑战，他也将一如既往，脚踏实地，继续为 A 行的发展作出贡献！

［案例二］ 奉献在岗位，操守在心间
——某商业银行业务部客户经理宋某成长历程

1998 年，宋某大学毕业进入 S 省分行工作，从入行第一天起，他就把这里当成了自己的精神家园。十一年来，他从一名基层柜员做起，先后从事过个人金融、会计结算、机构业务、企业年金、资金托管等多个岗位的工作，

无论岗位怎样变化，始终保持了勤奋扎实的作风、真诚谦虚的品质，靠细心、精心、上心，把每一项工作都做成了精品。

2005年，正值B银行股改上市，他负责牵头组织实施S分行全辖非信贷资产清理工作。在近一年的时间里，他深入到全辖各个资金营运部门组织查证，查阅了上千份资料，走访重点清收单位十余家，打了一个漂亮的攻坚战，共清收转化非信贷风险资产1.23亿元，被省分行劳动竞赛委员会评价为"底数清、工作实、作风硬"的不良资产清收先进个人。随后，他又乘势组织制订了《非信贷风险资产管理办法》，将这项工作进一步推上了规范化、制度化的轨道。

2006年，他又负责了全省代理国家开发银行贷款资金结算业务的牵头组织，这是一项最需要严谨、精细的烦冗工程。为了确保工作圆满完成，他精心拟订方案，与开发银行反复磋商，认真核对每一个细节，夜以继日，加班加点，每一笔贷款的确定都凝聚着大量的幕后工作。最终在省内率先成功了代理国家开发银行助学贷款1.42亿元，并与开发银行签订项目代理协议23份，涉及代理额60亿元。

"不积跬步，无以至千里；不积小流，无以成江海"。十一年间，他就是这样把每一件事情都当成大事业来做。他勤勉、严谨、细致，总是认认真真做事，老老实实做人；他勇挑重担，任劳任怨，有什么急事、难事，总是毫不犹豫地挑在肩上，从不叫苦叫累；他没有休过一次年假，总是第一个上班，最后一个离开……十一年来，他以坚韧、毅力和责任，于点滴中演绎了一个F行人不平凡的付出。

开拓创新　把任务当成责任来推动

"靠管理上位、靠能力提升、靠服务取胜"，这是宋某在2007年走上企业年金这个新业务岗位时，为自己定下的行动目标。

面对尚处于起步阶段的企业年金新业务，一方面，他坚持从零学起，积极向总行领导请教，参加总行组织的专业培训，储备岗位所需的专业知识和专业技能；另一方面，他主动去了解省内一些重点企业的基本情况，对它们的潜在需求进行深入的分析，拟订营销的重点。最终，通过自己扎实的工作很快就打开了工作局面。两年来，他先后牵头组织了阳煤、晋煤、潞矿、焦煤等万人以上企业的年金业务营销和后续服务工作，营销年金客户近百次，拟订年金服务方案 20 余套，组织了 4 次大型营销推介活动，审核各类年金管理合同近百份，以无可挑剔的专业能力，得到了客户的一致认可和好评。

短短两年间，宋某迅速成长为企业年金的专业型人才，成为省行养老金业务部年金组组长。更加难能可贵的是，他能够将个人的提升与团体的进步结合起来，义不容辞地挑起了传、帮、带的重任，为全行的年金管理人员授课，毫无保留地将营销的知识和技巧传授给他人，带出了一支过硬的团队，使企业年金这项新业务在全行开花结果。全行年金账户管理规模接近 40 万户，托管规模达 23 亿元，省内市场占比超过 80%，2008 年末省内万人以上企业年金业务全部锁定在 F 行，保持了省内年金市场的"领军者"地位。

朴实真诚　把操守当成一种境界来追求

宋某在日常的工作生活中，始终保持了谦逊、朴实、诚信的品格。"三个第一时间"是他行为规范的最好写照：第一时间完成领导部署的工作、第一时间为同事提供真诚的帮助、第一时间为客户提供中肯的方案。

他把每一次营销的过程，都当成维护和实现 F 行诚信品牌的过程。他坚守职业操守，以廉正身，靠真诚的服务打动人心，在企业年金营销中，他坚持做到"换位思考"，总是设身处地地为企业着想，提供合理的服务方案，这使他为自己、为 B 行赢得了尊重和信赖。

年金业务营销周期长，营销难度大，而且市场竞争日趋白热化。2008 年，为营销一户企业年金客户，他先后五次上门走访营销，但客户就是不给明确答复。后经了解，竞争对手也对该客户开展了持续不断的跟进营销，而且通过方方面面的关系向企业施加了极大的压力。面对激烈的市场竞争，他积极依托 B 行这个品牌，以其雄厚的资金实力、稳健的经营管理、丰富的实践经验等综合优势为切入点，开展品牌营销，使企业充分了解 B 行所具有的先进管理经验和一个现代商业银行所应具有的先进风险防控能力，同时毫不气馁地继续做好跟踪服务，积极解决客户的疑虑，认真满足客户的需求，做到诚意不变，热情不减，在一点一滴中加强沟通，积累信任，增强认同，最终打败五家竞争对手，取得了该企业的两项年金业务管理资格。客户感慨地说，"选择 B 行，既看中的是 B 行这个品牌，更看中的是 B 行人朴实、诚信、不

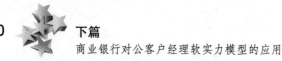

浮躁的品质"。

　　铁剑担重任，操守在心间。宋某就是这样，把自己价值的实现融入到为B行发展作贡献之中，无愧为B行青年的先进典范。

［案例三］描绘彩虹新天地
——某商业银行支行行长秦某成长之路

　　1992年，作为一名刚从学校毕业的大学生，秦某从最简单的银行前台操作开始学习，并在自学专业理论知识的指导下创造性地开展工作，她不仅很快掌握了操作流程，而且还悟出许多提高工作效率和质量的好方法、好建议，得到了领导的肯定和推广，将学习的成果转化为工作能力，在不到半年的时间就成为了当时网点里最年轻的业务骨干和技术能手。

　　由于秦某的善于学习和思考，业务技能扎实的她很快在当时的年轻人中脱颖而出，成为支行为数不多的年轻信贷员。一段时间后，在果断地参加了当时她所在支行的中层干部竞聘后，她走上了在当时信贷业务占据省分行营业部半壁江山的重点支行担任信贷业务分管经理的重要岗位。

　　短短一年的任职经历，充分给予了她崭露头角的机会，多年信贷工作积累的丰富经验、掌握的业务知识和业务技能以及个人出众的开拓创新意识和营销能力，从2003年起，她先后调任多家支行任副行长，这成为她在人生第二个重要的职业生涯阶段施展其个人魅力及个人能力的舞台。

　　面对每年不断攀升的各项业务指标，面对不断进入市场争抢客户资源的同业，秦某却气定神闲。在街道上人挤人很难找到机会，只有另辟蹊径才能闯出属于自己的一片营销天地，这是她的营销体验。推销是我们找客户，营销是让客户找我们。她像一位经验老道的猎人，潜心琢磨她的猎物，水到渠成时，她就有信心让客户主动找到银行来。

　　随着当地经济的快速发展和市场竞争的日益激烈，在新的历史机遇前，秦某根据自己分管的信贷管理和"争大"工作，第一时间领会营业部党委的战略意图，利用自己对信贷业务娴熟的优势，迅速调整信贷经营战略，带领干部员工认真分析客户特点和市场机遇，掌握业务优势和政策优势，把突出信贷营销、全力做好"争办大项目"工作当做关系全行发展的头等大事。经过充分论证，她明确了以华电专班带动辐射其他板块的核心工作思路，深层次地推进"争大"工作，将目标对应到客户资源，将任务分解到客户经理，着力加大信贷投入的力度、广度和深度，加强调度，深化考核，亲自营销并组织推动多种形式、不同层面的营销，取得了良好效果，大大提升了客户对银行的满意度和依存度，有力地促进了银企关系的快速发展。

秦某处事果断干练，却又以女性所特有的细致在细节雕琢中追求服务的至臻完美。面对严峻的市场竞争，她深知，服务至诚至真才是赢得客户信赖的关键。工作中，她提出了"以客户为中心，塑造服务形象，创新服务方式，拓展服务内容，实施服务营销"的服务战略，不达目的绝不轻言放弃的"亮剑"精神是她的作风标签。几年来，她正是以身作则，凭借过硬的业务素质、顽强的个性，实践着自己的工作信条。为了做好营销服务工作，由于支行客户大都在外地，她长期在外奔波，经常早出晚归，出差是经常的事，她全身心扑在工作上，全然顾不上身体顾不上家。但面对业务发展，她敢于与竞争对手拼时间、拼专业技术含量，她主动出击，往往能够抢在其他商业银行之前，拿出了为该集团的商务决策量身定做的金融服务方案，并竭尽全力帮助解决其在经营管理中遇到的问题和麻烦，使客户被她务实高效的专业精神和诚恳严谨的合作态度所打动。一方面，她加强对市场和同业的研究，分析出主要客户群和优势产品，多渠道获取企业发展潜力和实力的信息；另一方面，她对本行现有客户进行贡献度分析，确定重点客户的名单，对同业中贡献最大的客户群，进行动态分析，选择目标客户，在此基础上，拟订出相应的营销计划，制定有针对性的产品组合，实施有的放矢的差别化营销。

秦某是营业部全辖出了名的乐意第一个尝试新产品的人，以至许多专业部室总是将它们的新产品营销、操作方案发到她的邮箱里，请她找找市场的感觉。行里产品培训教室常能见到她匆匆的身影，接下来，她就能将自己手中的金融产品一个一个镶嵌在客户的业务流程中。

2007 年，在获悉推出了将人民币债务利息与国际金融市场指标挂钩的金融衍生产品——人民币债务管理后，她深入研究产品结构，分析市场环境，做好产品营销的前期准备工作，锁定了几户在 C 行贷款余额较人的优质客户作为营销对象，并第一时间向客户推荐人民币债务风险管理业务，针对客户的风险偏好和具体债务情况，制订了多套方案，获得了客户的信任。同时，

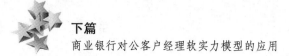

多次带领客户经理上门向客户进行方案演示，并对客户提出的各种问题，尤其是风险问题给予了详尽的回答，真正让客户了解了该项业务所带来的收益和可能面临的风险。最终，她以真诚的态度和精细化、高质量的优质服务，使所在支行的投行业务大放异彩，成功办理了省内第一单人民币债务管理业务，在营业部全辖范围内也起到了良好的示范和带头作用。

2008年，在营业部党委的重托下，她走上了Z支行行长的岗位。Z支行是一个老行、大行，虽然在前任班子的带领下，Z支行的发展势头良好，但作为省分行营业部的一类大行，如何实现支行可持续发展，将支行各项业务做大做强，继续将其带入良性发展的轨道，秦某觉得自己身上从来没有背负那么大的压力。她和班子成员多次对支行人员、机构、客户构成、周边环境等情况进行详细的分析，确定适合支行自身发展的营销思路，打出了支行业务持续健康、统筹和谐发展的"三张牌"：一是拉高标杆，明确发展战略。即瞄准经营效益、考核位次、营业部占比、资产质量"四大标杆"，坚持把科学发展作为第一要务，必须始终坚持把严格管理作为第一责任，必须始终坚持把竞争优质客户和优质业务作为第一重点来抓全行工作。二是身体力行，明确发展手段。即坚持全力以赴抓"争大"、坚定不移做"批发"、持续转型抓"零售"、调整结构促优化、中间业务强创收。实施本地、异地项目齐抓，大型、中型客户并重；本币、外币存款齐抓，冲刺规模与调整结构并重；对公、对私业务齐抓，传统优势产品与新兴潜力产品并重的工作思路。三是强化管理，明确发展保障。即强化过程管理、规范化管理、案防内控管理，运用好党建工作机制、激励考核机制，调动全员，凝心聚力，打造家园文化，营造"多彩、奋进、快乐、和谐"的文化氛围。

而今的秦某已不再是当年那个懵懂的女孩，她带领着Z支行这支充满激情的团队，赢得了一串串耀眼的光环。相继获得了省分行营业部先进基层党组织、省分行营业部四好班子、省分行五四红旗团组织、省分行企业年金业务营销先进集体、省分行营业部对公存款工作先进集体、外汇业务营销先进集体、公司业务营销先进集体等荣誉称号，Z支行还荣获了总行级"先进基层党组织"的荣誉称号。她个人也被授予中间业务创新发展先进个人、批发专业先进个人、房地产信贷展业标兵、省分行"三八"攻坚女高手等光荣称号。风景还在变化，可她并不会放缓步伐，前方还有更广阔的天地等待她去描绘。

［案例四］ 杰出的是现在，更杰出的在未来
——某商业银行分行营业部副总经理徐某成长经历

现年36岁的徐某在进入D行的八年岁月里，从一名普通员工迅速成长为分行营业部副总经理，2000年至2002年三度荣获分行机关金融先进工作者，2004年由全国总工会授予全国金融"五一"劳动奖章。大家都说他是D银行新一代青年干部的杰出代表。然而，他的杰出并不是上面那些成绩能够说明的。"工作中拼搏、学习中忘我，以创新激活营销、以培养结合领导"才是这位青年干部的真实写照。

拼搏，所以杰出

徐某来到分行营业部工作不过半年时间，但是营业部上下对于他的工作风格都有一个体会，那就是"拼"！与他一起奋战的营销团队说，往往昨晚刚接待完一批重要客户，今天一早他就拿出了急需的重要工作计划。下班后在大楼巡逻的警卫经常抱怨徐某的房间又要延迟巡逻了。而办公室的同事们却认为徐某的工作风格应该是"细"，因为徐某修改他们提交的文件总是在每一页都留下清楚、详尽、细致的标注。因为这样的"拼搏却又不失细致"，分行营业部的公司业务贷款余额高达340亿元人民币，2007年公司业务前三个季度利润超10亿元。在2006年，徐某带领D行轨道交通团队，圆满完成S轨道交通网络银团贷款组团签约，确立D行在轨道交通1610亿元银团贷款中牵头安排行、主账户行地位，其中D行承诺贷款金额400亿元；全年牵头营销客户人民币贷款余额达662.65亿元，外汇贷款余额达19.91亿美元，较年初分别增加58.64亿元和4.2亿美元，本外币较年初共计增长92.24亿元。从他的工作风格来看，一切都有了解释。

求知，所以杰出

2007年7月，在营业部党委前往井冈山的红色之旅列车上，在同行者休憩的时候，徐某却饶有兴致地阅读着随身携带的金融期刊。具有象征意义的

是，他就是这么一个业务、党政两不误的学习者。你可以从与他平时的交谈中猜测他的金融知识，也可以从组织生活里发现他的党性感悟。纵向地，他常常和总行密切沟通，及时掌握总行对行业板块的政策变化；横向地，他总是注意与兄弟分行保持信息沟通，使 S 分行始终走在公司业务发展的前沿。在行内，他以身作则，以与时俱进的党性修养，做一名廉洁爱行的好干部；对客户，他始终代表 D 行的良好形象，杜绝一切不正当的营销行为。这一切，不得不归功于他旺盛的求知欲望，这才是他业务领先，党性忠诚的保证。

创新，所以杰出

徐某始终关注着 D 行信贷业务未来的发展方向，始终在思考如何在这种不利的大环境下继续保持 D 行的信贷收益，做好 D 行的信贷工作，实现 D 行信贷业务发展的跨越。针对这个问题，他从产品创新着手，积极探索对 D 行固有公司业务营销模式的改造和整合，参与和主持了若干公司业务专题报告、务虚会课题的撰写工作，对分行公司业务市场开拓分析、分行公司部门组织架构搭建、职能整合和流程再造提出了许多建议和思路。他参与制定了公司部内部员工工作职责和业务流程、绩效考核管理办法；完成 2006 年分行务虚会重点课题、公司部课题等。

团队，使他杰出

在负责全行公司业务牵头营销期间，徐某深深感到个人力量毕竟是有限的，要真正做好 D 行营销工作除了自己要身先士卒，积极参与和指导全行市场营销工作以外，还必须从员工培训、团队建设和对外交流入手，建立一支高水平的营销队伍，培训一批素质高、能力强的专业人才，只有这样才能将D 行的营销工作进一步向深化、细化推进，将 D 行营销工作带向一个更高层次。为此，他进一步加大了对营销客户经理专业培训力度，有针对性地制订了专业培训计划，包括对公司客户经理进行专业培训，提高公司客户经理综合营销素质；在全行范围内选拔 70 人次组成核心客户经理团队开展系列培训活动；并且以书面测试和情景测试相结合，培养核心客户经理提高营销推介能力、现场应变能力、谈判表达能力、业务技术能力、团队合作能力等，全面提高了分行核心客户经理队伍的战斗力。

拼搏、求知、创新，都是他杰出的"特点"，但只有将这些"坚持"下来，我们才有理由相信，他是一个杰出的"人"。

［案例五］ 精益求精的岗位能手
——某商业银行客户经理张某成长经历

张某，现年30岁，中共党员，入行十年来，先后从事保卫守押、储蓄员、综合柜员、电子银行客户经理。一名从军旗下走来的战士，十年的潜心学习，他随F行一同成长，在平凡的岗位上作出了不平凡的业绩，他多次被支行评为先进个人、优秀共产党员。一路走来，他从未停下求索的脚步，跟着F行发展的节奏，谱出了青春无悔的精彩乐章。

业务过硬，作风优良，他，是有勇有谋的金融卫士

1993年，张某应征入伍到武警宁夏特勤中队，入伍第一年就受到部队嘉奖一次。1997年8月复员后，进入F行Q支行从事保卫守押工作，在工作中，他运用自己在特勤部队学到的技能，根据各网点位置及周围路况设计了多种应急预案，由于他优良的军人作风和过硬的军事素质，行领导很快委以他押运组长的重任。1999年在W市分行保卫专业技术比赛中，他获得"五四"式手枪实弹射击第二名及半自动步枪实弹射击第三名，并代表W市分行参加了区分行保卫专业比赛，夺得团体第一的桂冠。

转换角色，勤于钻研，他，是精益求精的岗位能手

2000年4月，张某被调整到储蓄岗位，如何用拿枪的手去打算盘、去处理复杂的账务，对他来说，既是压力，也是挑战。他全身心投入到储蓄业务的学习中，点钞、珠算、轧账、计算机操作、各种规章制度，每一样他都学得非常认真，凭着一股韧劲，很快他就成为了储蓄专业的业务骨干。2001年综合业务系统投产，前期需要做大量的测试工作，他勇挑重担，在长达三个月的测试中，他每晚加班至深夜，为一期测试工作提供了大量的数据。由于他良好的业务素质，被市分行抽调参加了二期测试。

2002年4月，张某调到当地一个储蓄所工作，当时正开办电子银行和基

金等业务，在基金销售过程中，张某发现真正了解基金的客户很少，而且人们的投资渠道很单一。于是他自己购买了理财方面的书籍，还上网加入一些理财论坛，不断提高自己的理财专业知识。他还利用业余时间潜心钻研电脑、网络等专业知识，以便更好地服务客户。在省分行组织的"家庭最佳理财方案设计"比赛中，他获得了三等奖。2005 年，在省分行举办的首届客户经理业务技能大赛中，他同时担任教练和队员，取得了理财设计方案第一名、个人全能第七名、系统操作技能单项第五名的优异成绩。

开拓创新、以诚制胜，他，是客户心中的产品代言人

2005 年 3 月，支行公开选聘业务全面、熟悉计算机并善于营销的电子银行客户经理，在众多的竞争者当中，他脱颖而出，电子银行客户经理不仅要营销业务、维护客户，还要熟悉计算机的安全设计、安装、系统维护等，工作量和难度很大，市场竞争更是激烈。张某把做大、做强电子银行业务作为他新的奋斗目标，他到各网点向柜员了解电子银行开办情况，向客户经理询问营销中的问题，并针对网点客户日常办理业务情况进行认真研究，与行领导一起积极探讨电子银行业务的营销方案。随着购买基金的客户越来越多，新发行的基金又限量发行，好多客户在网点排队多时却最终买不到基金，不仅客户抱怨，还给银行柜面带来了业务压力和服务难度，面对这一情况，经与主管行长协商后，由客户经理利用营业网点的电脑进行网上银行现场操作演示，方便快捷的操作吸引了众多的客户，个人网上银行的营销随之取得了实质性的进展。对于企业网上银行，张某通过筛选目标客户，逐个突破。对于初次办理企业网银的客户，他都以最常用的业务为突破口，营销成功后，就做好售后服务工作，帮助企业制定网上银行 U 盾管理办法和流程图，耐心地进行操作指导，只要企业网银有问题，张某总是随叫随到，有时候遇上企业电脑、打印机、内部网络出现问题，他总是急客户所急，积极帮助企业解决问题。有的客户家中电脑有问题，导致无法正常使用网上银行，张某总会及时上门去维护电脑，虽然客户当中很多不是 F 行的优质客户，人力、财力的付出与客户回报不成正比，但张某认为他辛苦点没什么，只要客户觉得 F 行的网上银行好用，自然会介绍给其他人，长久下去，他维护一台电脑的回报就是一群客户。

当他刚营销了 3 户企业网上银行之后，竞争对手也随之而动，利用强大公关给相关企业也办理了网上银行，面对这种情况，张某仔细地与企业财务人员一起对两家网上银行的操作界面、管理模式、人性化等方面进行对比，拿企业在两家银行各处理一天账务，拿产品来说话、用服务来证明，经过不懈努力，该地区所有企业放弃了竞争对手的网银业务，全部使用 F 行的网银进行结算。该地区两年来实现网上银行交易额高达 32.64 亿元。他从事电子银行客户经理两年来，Q 支行的电子银行业务在区分行一直名列前茅，张某的真诚与热情为 F 行赢得了客户，越来越多的客户认识了 F 行网上银行，认可了 F 行网上银行，在客户心中，他就是电子银行产品的代言人。

心系员工、情系 F 行，他，是业务精湛的讲师

作为支行乃至分行的业务骨干，随着业务技能的日臻成熟，他利用支行业余职工培训学校这一教育平台，多次为员工讲课，把自己在业务上总结的经验，介绍给了更多的员工，并为员工及时解答营销中的疑难问题，与员工共同进步。2007 年初，支行抽调业务骨干成立个人金融业务营销团队，面对客户对理财知识的迫切需求，他和营销团队走企业、进社区，先后举办了近 30 场"投资理财讲堂"。为了取得更好的讲解效果，将业务术语说得更通俗易懂，他几次设计修改业务宣传幻灯片，目前，他设计的幻灯片已被区分行指定为业务宣传基准课件。每次为客户讲课完毕，他总会留下自己的手机号码，以便随时为客户服务。张某多次被区分行邀请代表 F 行到该地区政府等重要部门和大型企业进行宣讲，他独特的讲解方式和精湛的业务知识，得到了客户的一致好评，为 F 行树立了良好的社会形象。

张某，一个从军旗下走来的战士，勤勉好学、精益求精、能文能武、德才兼备，他以独特的个人影响力，在社会上为 F 行树起了一面旗帜，在 F 行这个大家庭里，他十年的成长历程，将激励更多的青年员工为追求卓越而不懈努力。

[案例六] 让理想在大漠中绽放，让青春在奉献中闪光
——某商业银行中东客户部副主管、高级客户经理王某成长经历

王某，男，29 岁，2003 年毕业于 N 大学金融系，同年加入 J 分行营业

部，先后在 Y 支行、市行信贷处及授信审批分部任职，2008 年 2 月正式加入中东机构筹备组，现任 A 行中东客户部副主管、高级客户经理，2009 年 8 月开始主持客户部工作。工作几年以来，他一直勤勤恳恳，严谨求实，运用丰富的客户营销经验和产品知识，大胆创新，在贸易融资、海外银团及本地业务等方面的拓展上取得了显著的成绩，为中东机构开业当年盈利、次年盈利水平大幅提升作出了重要贡献；他直面困难，挺起脊梁，以一如既往、踏实敬业的工作态度和作风，感动着每一位同事，在沙漠中用青春和汗水努力谱写了亮丽人生路上绚烂的一章。

勤勤恳恳，严谨求实

王某 2003 年毕业后即进入 A 行工作，在日常工作中他兢兢业业，扎实奉献，获得了所在分行的好评。2008 年 2 月加入中东筹备组后，他便积极投身到中东机构的各项工作中。

初到迪拜，由于 A 行此前在中东地区从未设立过代表处，关于中东地区经济金融市场信息缺乏，同时中东地区历史文化独特、自然条件相对恶劣，夏季最高温度超过 50 摄氏度，这些都给市场工作的开展带来了很大的困难。面对陌生的环境和困难，王某以积极的工作态度和高度的责任感，克服了炎热、沙暴、文化差异等因素，对迪拜主要工业贸易区、大型项目所在地等进行了实地调研。同时，他充分发挥 A 行是第一家进入中东地区的中资落地银行的优势，充分利用现有中资企业、商会、代理行等营销资源，对 A 行品牌进行了大量有效的宣传。2008 年 7 月中东机构试营业前，他就已经与 50 多家各类企业、金融同业及相关机构建立了有效联系，熟悉了迪拜当地各类型企业的运作模式、主要行业状况和当地商业法律环境和要求，在短时间内撰写各类调研分析报告 20 多篇，为机构各项业务的顺利开展提供了重要参考。

2008 年 7 月中东机构试营业后，为迅速打开市场局面，王某敏锐地抓住了海外代付业务快速发展的机会，迅速与国内重点外贸地区分行建立了良好的合作关系，并积极协调后台操作部门，克服时差因素，在两个月内就累计完成代付业务 50 多笔，金额超过 1 亿美元。随后，为满足市场工作需要，面对试营业后内部制度和流程建立还在进行，当地客户特别是银团项目时间要求紧、工作量大等困难，王某总是自觉加班加点，积极优化工作方法，一边抢抓优质客户市场，先后拓展了一批本地优质客户和一批优质中资客户；一边做好内部建设，积极借助当地代理行和其他海外机构力量，制备和完善了市场手册及多个业务文档。这些客观翔实的调查、敏锐的市场分析和积极的营销行动，为A行各项业务的快速发展奠定了坚实的基础，这其中也凝聚着王某多少个日夜的智慧与汗水。

积极探索，大胆创新

由于历史和传统等原因，中东国家多实行金融保护政策，受此影响，A行中东业务牌照范围限制较多，不能进行本币业务，不能吸收本地存款，不能进行一般汇兑。为了克服牌照限制对市场工作的影响，王某与其他同事一道，对A行中东和多哈分行注册所在地的监管规定和商业规则进行了认真研究，与当地监管部门进行了多次沟通，结合实际工作的发展，利用多哈分行牌照和分行地位，采用迪拜与多哈两地进行业务联动的模式，部分克服了迪拜业务受限较多的情况，有效开发了阿联酋当地市场。

中东地区为伊斯兰教圣地，宗教影响渗透到社会经济生活的各个方面。为了有效拓展本地金融市场，王某一方面通过与当地同业和企业的业务接触，了解其金融服务需求；另一方面利用业余时间，学习掌握包括伊斯兰金融在内的当地金融市场主流产品的有关知识，积极探索新产品和新业务的发展。面对业务陌生、项目时间安排紧、彼时金融危机产生的紧张情绪还未散去等诸多困难，王某知难而进，对该产品的业务结构和特点等进行了深入研究，并与当地银行紧密协作，和项目小组一起从阿联酋及迪拜经济金融状况、迪拜面对金融危机的应对措施、本项目具体情况等方面进行了详细的分析，在明确了业务风险可控的条件下，经过夜以继日的工作，完成了项目报告，并顺利获批提款，成为A行第一笔伊斯兰融资业务。

面向客户，优质服务

由于阿拉伯世界的工作风气，当地银行服务效率低，经常出差错，为此在迪拜的中资企业深受其扰。王某在了解了上述情况后，积极与中后台部门协调，从客户实际出发，利用A行业务系统的优势，通过提供专项服务、上门服务等手段，满足了客户效率要求。

内外联动是海外机构服务工作的重要部分，也是为客户全球化服务的重要环节。王某在日常工作中深切体会到这一点，对于国内分行和客户的各类业务需求和咨询始终如一地提供优质服务。金融危机发生后，T分行为某外贸重点客户对迪拜出口业务开立的信用证被客户拒收，客户谎称未收到通知行通知，T分行多次报文查询未果。在收到T分行同事的协助请求后，王某立即通过与该通知行金融业务部的联系人查询了该笔信用证的通知情况，多次协调最终完成了退单手续，货物得到保全，客户关系得到维护。

正是王某这样始终从市场需求出发，始终坚持对客户提供优质服务的理念和实践，才为A行立足中东市场、在激烈的竞争中谋得一席之地提供了根本。

严格操守，协作团队

金融业是对职业道德和素质要求很高的行业，而迪拜经济金融市场开放，也潜藏了类似洗钱等诸多非法交易。王某在日常工作中，谨记作为一名金融工作者的职业要求，注重职业素质的培养，在与客户的交往中严格遵守总行的相关规定，特别是对于业务合规性方面的规定，对违反监管当局要求和A行业务规定的情况坚决回绝，对客户合理需求但A行不能实现的耐心说明、合理建议，维护了A行的利益和形象。

在日常工作中，王某非常注重团队合作，在各项工作中坚决服从管理层安排，勇于承担责任。在A行业务发展过程中，他总是能从全行业务发展的角度考虑，积极参与中后台业务培训和文件学习，与风险、合规、营业等中后台部门密切协作，完善现有业务制度和流程建设，建立新业务运作模式，为市场营销和业务发展提供了有效的团队和技术支持。

直面变故，挺起脊梁

2009年春节前夕，王某母亲因病逝世，在得知母亲突然病危的消息后，在领导和同事们的催促下王某匆匆请假回国，在去机场的路上尚在就客户营销未尽事宜向同事作出交代；处理好国内事情后，王某即克服悲伤和家庭的实际困难，回到了工作岗位上，以一如既往地踏实工作感动着每一位同事。不久，标志着A行对当地市场的又一重大突破——联合牵头对迪拜机场项目融资 1 亿美元——正式尘埃落定。

"雄关漫道真如铁，而今迈步从头越"。一年多来，王某以强烈的事业心和责任感，用自己辛勤的耕耘在中东这片土地上与 A 行的海外事业共同成长。在未来的道路上，他还将以更加饱满的热情和更加坚实的步伐去面对困难和挑战，为 A 行更加美好的明天开拓奋进，永不停息。

［案例七］宝剑锋从磨砺出，梅花香自苦寒来
——某商业银行客户经理李某成长路径

李某，女，28 岁，经济师，国家企业法律顾问，现任 G 行 S 省分行营业部 J 支行法人客户业务科经理。2006 年李某被省分行授予建功立业先进个人，被营业部授予"优秀营销科负责人"一等奖荣誉称号。

李某有较强的管理能力和组织协调能力，主持法人科工作以来，工作业绩突出，为支行资产业务跨越发展作出了贡献。李某所在的 J 支行现有员工 320 人，是省分行营业部的盈利大行之一。过去，J 支行法人客户结构较为单一，信贷市场投放不足，资产负债比例不尽合理，一段时间依靠上存资金增加收入。资金管理体制改革后，面对存差行上存资金收益大大减少的现状，李某在支行"扬长避短、优势更优、短板不短"的方针指导下，突破地理位置限制，积极开拓目标市场，抓住市场契机，提前做好项目储备，将法人客户营销工作重心放在电力、交通、房地产板块上，初步改变了支行法人资产业务资源开发不足的局面，变劣势为优势，使支行存贷比从 2005 年末的 55% 上升到 2007 年上半年的 68%，实现收益和质量的共同提升。法人资产业务带来的丰厚利息收入和中间业务收入为支行 2006 年、2007 年上半年经营绩效在 S 分行营业部排名第一作出了突出贡献。

坚持"坚韧不拔、锲而不舍"的营销理念，营销工作取得重大突破

2006 年，J 支行法人客户业务面临客户结构单一、项目储备不足的局面，李某和全科员工在省分行营业部的正确领导下，在支行领导班子的带领下，始终坚持"坚韧不拔、锲而不舍"的营销理念，积极拓展优质客户和优质项目。2006 年实现贷款投放 8.98 亿元，2007 年 1~9 月实现贷款投放 17.09 亿

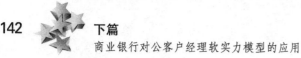

元，全面完成了各项指标任务。

2005 年 B 电力公司为发展在川水电项目在成都设立了代表处，代表处一成立就成为各家银行积极营销的对象。2006 年 4 月，M 电力公司以天龙湖、金龙潭两个项目公司作为借款人分别向 G 行 B 分行和竞争对手 N 行提出了 10 亿元的融资需求，并优先选择贷款先到位的银行作为融资行。J 支行获此信息后，建议 B 分行与项目所在地的 S 分行组建行内银团以提高审批效率，2006 年 5 月，G 行 B 分行向 S 分行发出组建行内银团的邀请，而此时竞争对手 N 行与 Q 行已基本审批结束，如果 G 行贷款不能及时到位，N 行、Q 行将进一步获得贷款份额。S 分行对此高度重视，要求营业部加紧审批、放款。由于 M 电力公司决定在 5 月 24 日召开股东大会落实贷款资金，于是 M 电力公司要求 G 行贷款必须在 5 月 24 日前到位，否则就在 N 行和 Q 行提款。得知这一决定后，李某与省分行、营业部相关人员于 5 月 17 日飞赴 B 地区与公司谈妥贷款条件，返回 S 地区后便加班加点进行贷款投放准备工作。5 月 23 日，经过多方的努力，在 M 电力公司召开股东大会的前一天晚上实现了贷款投放。这笔贷款是 J 支行第一笔作为牵头行的银团贷款，使支行电力板块实现零的突破，支行贷款结构性调整由此开始。

近两年来，李某所带领的营销团队工作亮点频现：机构板块取得良性发展；电力板块实现零的突破；交通板块得到新发展，在营销中挫败建行，置换成灌高速公路公司他行 6.1 亿元项目贷款；优质房地产板块取得长足发展，2006 年实现贷款投放 3.12 亿元，2007 年 1～9 月实现贷款投放 12.7 亿元；存量客户得到较好维护；票据业务创历史新高，2006 年办理票据直贴业务 15.5 亿元，2007 年 1～9 月办理票据直贴业务 17.5 亿元。

坚持"程序优先、程序至上"的发展思路，
明确工作目标、整合营销队伍，不断优化工作流程

按照支行领导提出的法人科要为支行绩效多作贡献的思路，李某与其团队明确营销对象、拓展业务板块、制定维护措施，将法人客户业务由支行的短板业务变为长板业务。在李某担任法人科负责人后，优化团队资源，将法人客户业务科按业务板块分为四个营销分部，明确工作职责，提高工作效率。此外，李某坚持"起早一点、睡晚一点、用心一点"的工作态度，扎实推进

法人客户业务各项工作，全面完成各项任务指标。

李某热爱本职工作，有较强的事业心和工作责任感，执行力强，有适应岗位要求的相应管理能力，与同事相处融洽，她求实的工作作风和强烈的敬业精神得到了大家的认可。

在营销中，李某和她的团队注重捕捉信息，深度挖掘客户业务。2007年初，李某了解到M电力公司对T公司利润指标考核力度加大，就利用T公司税收优惠政策，向其营销1.7亿元短期项目贷款用于置换他行长期贷款，该建议得到公司采纳，G行融资占比进一步扩大。李某还注重客户关系维护，提高同业竞争比较优势。2006年10月14日，获悉G行的一个大客户正在寻找新的办公地址，而支行可以腾出部分地方时，便及时请示支行行长并与该公司总经理取得联系，想尽一切办法，让该公司在10月16日顺利搬进新的办公地，高效的服务得到客户的高度认可。

坚持"内控管理是支行新一轮发展的保障"的观点，
重视内控管理，不断优化贷款结构

李某高度重视内控管理，不断强化贷后管理工作：一是加强对贷款客户的贷后检查力度；二是加强对贷款资金的监督支付；三是严格执行信贷档案管理制度；四是加强对到期贷款还款来源的归集，对不良贷款的催收和潜在风险贷款的预警；五是对存在的问题积极整改，不断提高信贷管理水平。2006年末，J支行A级（含）客户贷款占比95%以上，法人贷款不良率为0.1%。

团队建设初见成效

李某重视客户经理队伍建设，注重营造宽松协作的工作环境。一是通过结对子，拜师学艺，形成新老客户经理教学相长的良好格局；二是帮助客户经理做好观念转变，即从做事向理事转变、从依赖向依靠转变、从走路向找路转变；三是完善客户经理考核办法，树立岗位靠竞争、收入靠贡献的思想。通过一段时间的努力，J支行法人客户经理队伍的面貌发生较大改观，2006年被支行评为"突出贡献团队"，J支行也被省分行营业部授予"争大工程一等奖"的荣誉称号，法人科三名客户经理获得营业部"优秀客户经理"称号。在2007年支行组织的中层干部竞聘工作中，法人科有2名客户经理走上管理

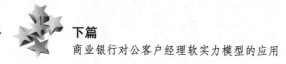

岗位。

"宝剑锋从磨砺出，梅花香自苦寒来。"李某认为，成绩只能代表过去，在今后的工作中，她将继续保持谦虚谨慎的工作作风和旺盛的工作热情，为G行又好又快地发展贡献自己的力量。

[案例八] 善于挖掘客户潜力，积极营销创佳绩
——某商业银行中级客户经理廖某成长经历

廖某，男，1976年10月出生，1998年大学毕业后成为C行X市分行的一名员工，先后在储蓄、会计、外汇结算等岗位工作，2002年走上公司业务营销岗位，现任H支行中级客户经理，负责X分行重点客户。在同业竞争接近白热化的状态下，廖某善于挖掘客户潜力，积极营销C行各类产品，年均办理的国际结算量和银行承兑汇票贴现量分别达到1.6亿美元和17亿元人民币，并且成功营销X分行的首笔短期融资券业务，促进了X分行各项业务的发展和效益的提高。由于工作业绩突出，该同志荣获了2004年X分行先进个人、2005年X分行中间业务先进个人等荣誉称号。

逐鹿市场，成功营销首笔短期融资券业务

廖某所在的H支行地处X市H开发区，区域内金融机构众多，但客户资源十分有限，长期以来处于僧多粥少的局面。廖某自从走上公司业务营销岗位以来，努力耕耘，忘我工作，5年来累计对分管客户发放贷款人民币23亿元。目前廖某所分管客户日均贷款达人民币3亿元，日均存款达人民币6000万元，每年为X分行净贡献值达人民币1800万元，创造了惊人的业绩，对X分行优化资产结构、增加经济效益作出了重要贡献。

在开拓业务的同时，廖某始终不忘风险控制，非常注意加强企业客户的贷后管理工作，通过各种渠道及时、充分地了解企业信息，分析企业经营情况、资产结构情况，做足功课，并根据企业情况变化，积极调整和落实贷后管理措施，有效地控制和防范信贷风险。凭借扎实的业务素质、勤勉的工作态度和高度的责任心。廖某又创造了一个奇迹，他分管着巨额的贷款而不良贷款率却为零。

勤奋好学，善于创新，市场拓展的意识和能力俱佳

由于在大学阶段学的是中文专业，经济专业知识的基础较弱，廖某能充分认识到自身的不足，努力加强业务知识的学习，先后在储蓄、会计、外汇、信贷等岗位工作，刻苦学习掌握好银行业的业务知识。在立足于信贷工作的同时，利用各种方式加强对其他相关业务知识了解，扩大知识面，提高业务技能。通过自学，他获得了金融中级专业技术资格，通过了总行组织的一级企业理财师资格考试。

当前国内经济快速发展，国际竞争异军突起，各商业银行都紧锣密鼓地在各个领域里创新、发展。廖某在工作中非常注意积累，积极学习新知识、思考新问题，不断完善和更新自己的知识结构，并能立足客户需求，寻求创新和突破，具有很强的市场洞察能力和市场拓展能力。

针对所分管客户普遍存在贸易融资需求的特点，廖某认真研究 C 行相关产品和服务，积极营销买方远期信用证、信用证代付、进口押汇等产品，通过灵活组合运用，为客户解决多方位的需求，也有效拓展了市场，促进所在支行国际结算及贸易融资业务的稳健发展。2005 年以来，廖某累计为客户办理开证 4.8 亿美元，信用证代付 2.2 亿美元，进口押汇 1.2 亿美元，售汇业务 5 亿美元，累计实现中间业务收入 800 万元人民币，押汇利息收入 1350 万元人民币，为 X 分行中间业务的发展和效益的提高作出了贡献。

针对分管客户货款结算主要采取银行承兑汇票的特点，廖某作为客户经理，大力发展票据贴现业务。自 2005 年以来，廖某累计为企业办理银行承兑汇票贴现 3600 笔，总金额 52 亿元人民币，居 X 分行前茅，所分管客户的贴现业务同业占比达到 60%，居 X 市各银行之首。为更好、更周到地服务客户，同时防止他行挖转，廖某针对客户在票据业务方面的需求，2005 年为客户量身定做了方便可行的票据托管业务方案，其创新、创效方案经上级行批准后在全辖范围内率先实行，从抓住票源入手，实现票据保管、查询、托收及办理贴现的一条龙服务，随后在全辖内推广，此举为 X 分行票据业务的发展起到了很好的促进作用。

善于掌握和运用营销技巧，不断提高议价能力

今天的银行业务已经不再是传统的存贷款业务那么简单了，而且市场上

同业竞争激烈。面对银行发展、市场竞争的需要，更由于银行是服务行业的本质，在娴熟掌握和运用业务技能的同时，廖某也非常重视营销技巧、谈判技能等实战磨炼，学习涵盖心理学、逻辑学等方面的知识，以深入挖掘客户、抓牢客户。

首先，廖某能与客户形成良好的互动关系，积极为客户排忧解难，以诚意取得客户的信任，如对于客户要求当日开出的信用证均按时完成，对于客户临时性的上门服务需求均予以满足。其次，在议价过程中，廖某能针对客户的多种业务需求做通盘的考虑和整合，以获得客户的理解。目前他所分管的客户开证费用按 1‰ 收取，售汇按中间价上浮 1‰ 执行，国际贸易融资利率执行 Libor + 2.3%，大多数产品的价格在分行的大型客户中都处于较高水平，在争取业务量的同时切实维护了 C 行的权益。优质的服务换来的是客户的认可，客户的认可换来的是双赢的局面，廖某服务和维护客户的水平令众多同业叹服。

对细节一丝不苟，在工作上任劳任怨

在客户经理岗位上，廖某既分管融资总量约 4 亿元的信贷资产业务，又要负责约 6000 万元的存款营销工作，所分管的信贷融资业务品种齐全，既有短期、中期及固定资产本外币贷款，又有开立银行承兑汇票、银行承兑汇票贴现、对外开立信用证、进口押汇等中间业务和国际业务，仅银行承兑汇票贴现一项，每年的笔数均在 1000 笔以上，工作量之大、任务之繁杂是可想而知的。廖某总是毫无怨言、任劳任怨地工作，经常放弃节假日、午休时间加班加点，并且一丝不苟、高质量地完成诸多任务。

廖某通过不懈的努力取得了骄人的成绩，更为难能可贵的是，他并不满足于独善其身。作为一个具有一定经验的年轻的"老同志"，对于新同志也承担着业务上的指导工作。除了严格要求自己外，廖某也能够关心集体，与同事真诚沟通、相互协作，形成团结、相互学习的气氛，创造积极向上的团队精神。

［案例九］ 士不可不弘毅，任重而道远

——某商业银行 N 分行营业部副总经理潘某成长经历

1991 年，刚出校门的潘某一头懵懂进了 G 行，面对充斥着数字、报表和各种货币的世界，她努力寻找自己的理想坐标。从外汇会计、外汇信贷审批、客户经理、公司部经理、分行营业部副总经理，先后分管过市场营销、信贷管理、个人金融及青年工作等。她一步一个脚印走来，伴随着 G 行的成长，承载着责任与梦想，昔日的雏鹰已经成长为一名搏击市场浪涛的弄潮儿。

当营销遭遇创新

一有闲暇，潘某的客户总喜欢找她喝杯茶，几位老总戏言她酒量太好而不敢找她喝酒，其实这些精明的商人是习惯了时不时地从她那儿了解时下市场上新鲜的金融信息，尤其是几家大型的外贸公司几次从她提供的金融方案中获益匪浅，以后一遇到运营模式的调整就少不了找她商量财务方案。现在的客户不缺少各种产品，而是需要解决方案，随着对市场反应要求的不断提高，他们渴望不断进步的解决方案。深谙此道的潘某会在与客户的谈笑中将他们的业务流程熟记在心，而行里的产品视频培训教室常能见到她匆匆的身影，接下来，她就能将自己手中的金融产品一个一个镶嵌在客户的业务流程中，像一位工匠巧妙雕塑她的作品，行云流水，画龙点睛。

她向某大型电子企业 A 集团成功营销了 G 行的电子银行银企互联，实现了集团内部 30 家不同法人之间的资金集中，使集团集中财务控制，压缩财务成本的管理思想得以实现，通过银企互联系统，日付款 3000 多万元的现金流被控制在 G 行系统。Y 集团，这家规模上百亿元的上市公司，一度归还了 G 行的全部贷款，存款业务也已凤毛麟角，但潘某还是从这家分公司遍布全国的集团运作模式上发现了机会，她给公司的财务总监算了一笔账：Y 集团旗下 300 多家机构的 400 多个账户，借助 G 行的现金管理平台，每天可以通过 G 行的网上银行集中销售回笼资金 6000 多万元，还可以通过网络实时下拨资金，这样不仅能有效加强集团对下属公司销售和资金管理，还能切实提高公司的资金使用效率，一年至少可以节约财务成本 2000 多万元。Y 集团果然很

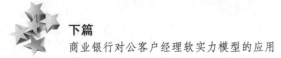

快就和 G 行签下了现金管理协议，自此和 G 行的业务往来又风生水起。

　　潘某成了全行出了名的乐意第一个尝试新产品的人，以致许多专业部室总是将他们的新产品营销、操作方案发到她的邮箱里，请她找找市场的感觉。早在 2001 年，她办理了 G 行全行第一笔出口福费廷业务。几年来，她在分行第一个尝试了国内信用证业务，第一个开出了出口船舶预付款保函，第一笔代理了进出口银行的高新技术产品低息贷款，第一票办理了出口发票融资。营业部被分行评为"创新创效"示范点。

　　当营销遭遇创新，创新谱写辉煌。营业部从一个新组建的经营机构，短短几年，先后攻下了一批批知名客户。在她分管的业务领域，各项经营指标业绩骄人：2006 年营业部本外币机构存款第一、电子银行业务第一、个人贷款余额第一、国际贸易融资业务第一……2006 年在 N 市分行的支行经营绩效考核中营业部也荣登榜首。

当团队遭遇激情

　　营业部的年轻人喜欢称她潘老师，或许因为他们在遇到营销难题时总能在她这位全国青年岗位能手那儿找到答案。接到了个金业务的营销任务，潘某带着大家一起仔细研究理财产品在市场中的优势，开放式基金、保险、账户黄金、汇财通、汇市通等，在贵宾理财中心，她和客户边谈笑着，边分析了贵宾客户的资金停留期限、风险偏好、回报预期等，又如数家珍地介绍投资理财组合方案，客户笑着签下了委托书。年轻的客户经理在营销实战中领略了营销并非兜售，而是一门真正为客户创造价值的艺术。这支团队渐渐羽翼丰满，业绩喜人。

　　激情开发潜力，她和她年轻的团队，攻克了一个又一个堡垒：2000 年，为处置因历史原因留下的不良资产，她主动请缨，承担了清收任务，和同伴们一起通过与有关政府协作，加大清收和盘活不良资产，使营业部卸下了沉重的历史包袱；为解决牡丹卡透支率居高不下的问题，控制个人住房贷款的不良率，她组织一群年轻人利用业余时间开展牡丹卡透支和按揭逾期的催收活动，上门催讨，去电、去函，诉诸法律，收效甚佳。至 2007 年上半年，营业部的不良率仅为 0.032%，远低于全行水平。

　　当团队遭遇激情，激情凝聚光芒。春华秋实，她带领着这支充满激情的团队，赢得了一串串耀眼的光环。市分行营业部相继获得了全国级"青年文明号"、总行级"最佳金融网点"、总行"学习型银行"先进集体、总行"五四红旗团组织"等荣誉称号。

当服务遭遇细节

潘某处事果断干练，却又以女性所特有的细致在细节雕琢中追求服务的至臻完美。为了给 Z 进出口公司提供远期结售汇及出口信保项下融资的财智国际组合，她每天关注市场报价，帮助企业分析汇率走势，选择有利时机成交。由于报价合理、择机准确，企业不仅规避了汇率风险，还获得了额外的收益，这家原来在竞争对手主办业务的知名公司终于被她的精细服务所折服，签下了 1.4 亿美元的远期结汇委托。

服务铸就品牌，潘某的目标是要使 G 行成为客户心目中最放心的银行、最有价值保证的银行。为改善对外贸客户的结算服务，她上门找业务员了解公司交易对手的银行信息，确定合理汇路；为提高收汇时间，她推行"以电代邮"业务，安排落实当日出单的绿色结算通道；为完善服务管理机制，她拟定加强规范化服务考核办法，逐项落实经营管理目标责任。服务成为每一次例会必议的话题。

当服务遭遇细节，细节成就完美。2006 年，在 N 市十佳顾客满意单位评选的激烈角逐中，营业部以完美的服务形象脱颖而出，捧回了令同行艳羡的"创服务品牌 让顾客满意"奖牌。营业部的年轻人也先后捧回了总行"优质文明服务先进个人"、"N 市银行业个人金融服务明星"、"N 市金融业服务明星"等桂冠。服务创造效益，2006 年营业部人均中间业务收入达到 24.76 万元，高居全行之首，她在 2005 年、2006 年连续被总行评为中间业务先进个人。

人生的景观一直在变化，每前进一步，看到与初始不一样的风景，再迈进，更有另一番天地。而今的潘某已不再是当年那个懵懂的女孩，她的事业已经在 G 行的这片沃土上生根，2004 年 N 市分行优秀党员，2004 年总行青年岗位能手，浙江省 G 行巾帼岗位标兵，2006 年总行国际结算先进个人二等奖。

［案例十］ 以无悔青春创造卓越业绩

——某商业银行票据营业部青年客户经理王某成长经历

　　王某，2003 年应聘进入票据营业部工作，先后在市场营销部、业务部、S 分部担任客户经理，主要负责拓展系统内外票据转贴现和贴现客户，做好客户维系和业务办理工作。

　　在四年多的工作时间里，王某表现出了极佳的工作适应性和极强的市场拓展能力和思考创新能力，以其孜孜不倦的学习精神、勇于开拓的进取精神、勤于思考的创新精神，在票据业务的营销领域取得了非常好的成绩，获得了领导和同事的一致认可，也成为票据营业部青年员工学习的榜样。

学以致用，不断提高营销能力

　　2003 年入部伊始，王某就被安排在票据营业部业务工作的最前线——市场营销部，作为一名普通的营销人员，他每一天都在学习、思考，王某非常注重业务基础能力的培养，努力加强对票据业务理论知识的学习和充实，在极短的时间内，对票据业务知识就有了较为全面的理解和掌握。在实际进入营销工作领域后，他深知理论和实践之间既有互补，又有矛盾，始终将自己所学的营销专业与票据市场的拓展紧密结合起来，针对不同的业务、不同的客户，采取不同的营销理论和营销手段，通过差别化的营销方案，吸引和拓展客户群体，取得了很好的效果。由于其出色的表现，被票据营业部聘为客户经理。

　　2005 年，王某开始负责分部辖区内系统外最大的客户，M 银行 S 分行的营销工作。这对于他而言既是挑战也是机遇。对此，他并没有急于求成，而是主动先与客户沟通了该行以往的一些经营数据、交易偏好、业务需求，并认真对这些信息、数据进行了综合分析，详细制订了该行的整体营销方案和具体的营销计划。在之后的客户维系工作中，他通过运用各种票据转贴现产品的组合，结合提高服务质量和优化业务流程来不断提高 M 银行 S 分行对票据营业部的满意度。在王某的努力营销下，M 银行 S 分行与票据营业部发生的票据交易量由 2004 年的 77 亿元迅速提高到 2005 年的 117 亿元，同比增长达 52%。

与此同时，王某还积极联系外资银行客户，努力为票据业务锦上添花。2004 年起，王某开始着手思考与 H 银行 S 分行的更进一步的紧密合作，虽然双方之前曾经签订过交易协议，但是由于票据市场变化速度快，票据营业部的许多新增风险控制规定，使双方的交易协议并未得到有效的实现。因此，必须思考如何在防范风险的前提下，对原有协议进行合理的修改，才能真正启动双方的交易合作。为了满足 H 银行 S 分行的交易需求，同时又能切实防范和严控风险，他进一步学习了风险、内控的各类制度、办法，并多次以文件形式向有关部门递交相关建议和请示，希望对优质的外资银行客户在防范风险的基础上，开设绿色通道。同时，对于重大的风险控制环节，他也能毫不让步地与外资行据理力争，切实地维护了票据营业部的利益。在此之后，王某还先后营销了 L 银行 S 分行等外资银行客户，使票据营业部的业务更上一层楼。

直面竞争，勇挑营销重担

由于票据业务非常易于受到中央银行宏观调控政策、同业竞争、资金成本等因素的影响，因此票据市场在利率和规模等方面的波动较为频繁，幅度也较大，这就给客户维系带来了很多的困难。王某不畏挫折和困难，通过加强与客户的沟通交流，甚至是同竞争对手的沟通交流，来了解市场、分析市场、把握市场，主动出击，形成了其独特的营销手段和方法。

王某所在的 S 分部，地处票据市场竞争最为激烈的战场，除了有三家总行级机构在转贴现市场中与 S 分部正面竞争之外，一些股份制银行将转贴现作为一项套利业务，也常常涉足。经常是市场上一旦有客户出票，这些机构就蜂拥而至，争相伺机抢夺业务。王某能直面竞争，在深入了解和把握市场的前提下，采取主动出击、先人一步的方式，加强与客户的联系频率，积极向客户报价，不放弃任何客户的任何一次出票机会，他的业务量在分部中一直名列前茅。

在市场竞争愈演愈烈的情况下，王某还能出奇招，加强与同业竞争对手的沟通联系，如 N 行票据营业部、J 行票据营业部和 S 行 S 分行。通过一定渠道了解竞争对手的报价趋向和对下阶段转贴现利率走势的判断，从而做到在营销客户时，特别是在向客户报价时，占据主动有力的位置。在票据营业部利率较高、客户有向其他行出票的意愿时，通过有效沟通，延缓客户出票，尽可能地让客户能等到 B 行利率下降时向 S 分部出票；在利率较低时，则积极向客户报价，抓住时机大量办理系统外转贴现业务。

在客户维系的过程中，王某真正做到了以客户为本、想客户所想、急客户所急。他通过分析相关的金融市场信息，结合 B 行的票据业务政策，不断地对转贴现市场的利率走势等情况进行分析，并将分析结果与客户进行沟通交流，以此增进与客户之间的良好关系，提高客户对票据营业部的信任度和忠诚度。

勤于思考，理论联系实际

由于王某有着较好的学科背景，理论基础较为扎实，平时许多专项的理论分析工作大家都愿意交给他。从 2004 年开始至今，王某每周都能认真采集相关数据，按时向票据营业部相关部门报送相关基础数据和文字资料，做到认真、无差错。他起草撰写的多份报告，为 B 行的票据业务发展提供了很好的数据材料和分析意见。

王某还充分利用业余时间，认真分析日常工作中遇到的问题，结合自身的思考，撰写了多篇论文，多次运用于票据营业部的改革发展研讨会。目前，他正参加某财经大学的金融研修班，并运用所学的理论知识，积极为票据营业部下一步的产品创新提供理论支持和实践建议。

甘于奉献，硕果累累

四年来，王某怀着对金融事业的执着追求，虚心向前辈学习，刻苦钻研业务，努力开拓市场，取得了傲人的成绩，也获得了各方面的肯定。

"以无悔青春创造卓越业绩"，这就是王某工作、学习的信念，他始终坚信，只要努力付出、踏实勤奋，就会有所回报，而这个回报将不仅仅是他个人的成长，更会给 G 行这个大家庭带来更多的成功和荣誉。

［案例十一］幽香迎春来，傲雪红梅开

——某商业银行 W 支行批发业务副行长周某成长过程

娟秀的脸庞、清爽的短发、干练的身姿、亲切的笑容，当周某出现在你面前时，你或许无法想象这位刚满 36 岁的女性已经在 S 市 W 支行批发业务副行长的岗位上拼搏奋斗了 5 个年头，你或许无法想象 W 支行在批发业务线上获取的无数荣誉和成绩都离不开她的身先士卒。

是的，正是这样一位年轻的女性舍小家为大家地忘我工作，带领着 W 支行批发业务线上的精英不断开拓进取，在激烈的同业竞争和多变的金融环境中夺下了一个又一个业务高地，将 W 支行打造成了上海，乃至整个总行范围内的璀璨明珠。

周某正如一枝傲雪盛放的梅花，展现着她坚韧而又俊美的风采，将勃勃生机和郁郁芬芳带入了 B 行的春天。

业务至上　各项业绩争奇斗艳

一清早，周某已经在电脑前阅读完了所有的每日业绩汇报和总分行最新下发的文件；9 点的钟声刚刚敲响，或许她已经融入早晨的车流，赶往位于市郊的大型集团客户处拜访；当你想在中午的空隙找周某汇报工作，可能需要在行长室的门口等上好一会儿，因为她正在和公司营销团队热议接下来的营销方案；而到了下午一点，周某又一头扎进会议室为远道而来的外资企业代表介绍银团和产品方案，或是参加党支部的学习讨论，而桌上只吃了几口的饭菜早已变凉；整个下午，你可能会在 S 分行的各个部室听到她匆匆的脚步，一份份汇报、一次次协调、一场场贷审会，直到一个个项目拍板、一笔笔贷款签批，周某的脸上才会露出满意的笑容；夕阳西下，当员工们踏出支行大门，或许都会意外地与刚刚回行的周某擦肩而过，她的一声"下班啦"让员工们感觉亲切，同时周某也快步踏入办公室，着手准备起了下阶段的客户拜访安排；她无暇顾及华灯初上的夜景，因为一会儿她还将踏上飞机，连夜赶往外地视察融资项目的建设情况。

以上的情景恰恰是周某五年来扎实工作的真实写照，作为一名合格的共

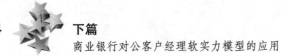

产党员和一名女性领导者，周某在业务发展和市场开拓上所表现出的执着追求和一如既往是很多男性都无法比拟的。正是出于她的不断积累和忘我工作，换来了支行业绩一年又一年蒸蒸日上。

　　成绩迥然，功不可没。或许对周某来说这些褒奖已经是莫大的荣耀，但直至今日，在支行荣誉陈列室隔壁的行长室里，每天仍是周某忙碌的身影，她正一如既往地向着业务的新高峰不懈攀登着。

开拓创新　业务亮点百花齐放

　　S分行的一些领导和员工经常发出这样的感叹：W支行的批发业务开展得够活、够新，往往很多的"分行第一单"乃至"总行第一单"都会在W支行打响。没错，周某除了在传统业务上始终保持着营销的热情，拥有一颗不断探索之心的她总能找到新的业务机会，拓展新的业务领域。对于从不放松思想建设和理论学习的周某来说，与时俱进、科学发展已经潜移默化地成了她始终不变的营销理念。

　　2008年W支行为了信贷结构的调整，需大力发展国内融资业务。在支行着手大力开展钢材质押融资业务的过程中，周某发现了质押物品权属监管的难题，而支行众多客户希望能够尽早得到融资、加快资金周转的需求也无法在规范而又略显烦琐的操作流程下得到完全满足。针对上述矛盾，周某经过与S分行及监管公司的反复商讨探索，以"监管公司有能力做到全程监管"为突破口，终于发现了业务创新的契机，亲自带领客户经理与客户、监管公司商讨新兴业务的可行性。在她的不懈努力下，"海陆仓"这个新的融资业务概念正式诞生了，它切实满足了客户快速融资的需求，也解除了银行因质押商品权属确认问题产生的后顾之忧，一经推出就获得了较好的市场反应，在总行2008年小企业信贷产品创新方案评选活动中荣获"融资业务"创新方案一等奖。而最终支行国内贸易融资全年累放额达14亿元人民币，年末余额达11.45亿元，计划完成率高达254%，在分行系统中排名第一。

成功转型　风险把控暗香阵阵

　　周某在2008年迎来了角色转型，在负责营销的同时担负起了信贷管理的重任，而在她"营销风险两手抓，两手都要硬"的理念下，W支行法人信贷业务平稳开展，信贷管理水平和风险掌控能力得到了广泛好评，科学发展观的深刻内涵在支行得到了体现。

周某为进一步完善支行内部控制手段，提高信贷资金流向控制能力，结合本行实际，推动信贷管理部门发文制定了控制信贷资金流向的操作意见，对于开立第三方存管账户的信贷客户管理、大额贷款使用审核机制、信贷资金流向监控能力、支行信贷管理要情提示等方面进行了进一步的细化；在加强商品融资业务拓展的同时周某不忘风险，做到"能进能退"，2008 年第三季度受国际国内经济金融形势影响，钢材价格持续暴跌，对支行商品融资贷款构成潜在风险，面对突发事件，她召集相关部门多次商量，采取有效措施，通过增加质押物、收取保证金、提前收回贷款等，有效地化解了风险。

虽然周某在信贷管理工作中推行的一系列举措不会为支行带来直接的效益，但能够把风险理念潜移默化到业务的开展中，她为支行的健康发展真正起到了保驾护航的作用。

舍己为公　无私奉献与人芬芳

"以行为家"这个词用在周某身上一点也不为过，支行的发展仿佛成了她最大的追求，在寒窗苦读取得博士学位后她便为 B 行倾注了近九年的青春年华，党性修养的磨炼和不断的自我加压使她义无反顾地投身工作，却一直没能在自己的小家中付出更多的关心。而直到最近她才当上了准妈妈，在大家都为她感到高兴的同时，身怀六甲的周某却依然坚守岗位，拜访客户、宣传营销、贷审会汇报……所有的一切她依然亲力亲为。

此外，周某也用她女性的细腻和温情关怀员工，运用情感的纽带，竭力打造尊重人、理解人、关心人、帮助人、富有人情味的工作氛围。平时员工都喜欢找她促膝谈心，周某甚至有时能在夜里与员工进行短信的心灵交流，这都体现出她常说的那句话："越是小的事情，越是容易被忽视的细节，也越能触动员工的心灵，更能激发员工干事创业的工作热情。"所以她那小"题"大"做"、于细微处见真情的风格让员工切实感受到一名女性领导者的温暖与亲和。2008 年的分行"五好干部"和"三八红旗手"称号正是对她的充分肯定。

"一个人，即使体格再健壮，如果没有灵魂，无异于是一具躯壳。" W 支

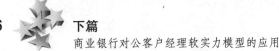

行副行长周某正是以其自身人格的魅力、宽阔无私的胸襟和共产党员的责任感，不畏困难、锐意进取，塑造了一名共产党员和一名成功女性在新形势下搏击市场的杰出形象。"幽香迎春来、傲雪红梅开"，相信周某会在 W 支行打造金融创新旗舰行的道路上越走越宽，为支行加快推进由各类融资产品供应商向全面金融服务提供商的转变的过程中作出更杰出的贡献。

［案例十二］我是光荣的 G 行人
——某商业银行支行行长杨某成长经历

"保持在 S 市 G 行系统中的领先地位，争取年度考核的第一名，打破 W 支行历史上从未进入前三名的纪录！"

发出此誓言的人，就是杨某，G 行 W 支行行长。

酷爱学习的"管理派"

1986 年 10 月，G 行的招干简章把杨某从复读班中提出来，原本打算再复读一年考一个理想的大学，眼前的干部编制对于孩子家长来讲，比未来不可测的高考更现实，于是杨某进入 G 行 W 支行工作。在 20 多年的工作中，他先后完成了外贸英语大专课程、国际金融大专课程、法学本科课程的学习，取得了双大专一本科文凭。

多年的学习，让杨某记忆最深刻的是 1992 年。那次参加成人考试时，他新婚不到一个月。他以 S 分行成人高考第一的成绩，获得国际金融专业唯一一个就学机会。他当时就学的 H 金融管理干部学院有一个高级英语进修班，总行在全行招考了一些大学生强化培训英语课程，一年后参加 BFT 考试，杨某在自己大专课程学习的课余时间，也偷偷地学习 BFT 课程，有时候晚自习溜到 BFT 课堂，和他们练习口语，有时候向他们要几份试卷自己测试，经过半年多的自学，他竟也通过 BFT 考试，成为当时 H 管院传诵的一大佳话。

杨某 20 多年的学习、实践，锻炼着他的管理才能。他常讲："我就管两个事，一个大事就是全行发展的大政策略，一个小事就是最细微的事情。"

小到垃圾箱、小到员工的思想情绪，他都很关注，他的口头禅中常有这样的话，"对外的东西都要体现 G 行的形象，要有档次、要有品质"。他常常说："我们做一个 G 行人很骄傲，但还要注重如何让员工有这种自豪的感觉。"

2007 年是 G 行的"优质服务年"。年初，杨某提出了要像抓效益那样抓服务工作，力求通过两年的时间彻底改变 G 行的服务面貌。这项工作首先从最小的细节入手，他带领服务领导小组全体到每个网点，从内到外，从小处着眼，查找问题：柜面员工的工作服是否熨过；女职工的发型是否符合要求；对外的宣传是否放在统一的告示牌中；对外告示包括暂停服务告示、指引告示、柜面编号等是否统一制作并带有 G 行标识的；一米线或排队围栏是否到位；垃圾箱是否统一；员工内部抽屉和橱柜中放置的物品是否符合规定；操作台上放置物品是否到位；营业场所的放置植物是否存活等，通过这些细节的检查和纠正到位，网点硬件环境有了明显改观。同时，针对服务出台了一系列的管理办法和考核办法，做到责任明确、措施到位、奖罚分明。

这些细节管理的到位，使 W 支行的服务工作有了明显的进步，获得了 S 分行的表扬，分行在 8 月末专程在 W 支行召开了全行服务工作现场会。

"创新家"的 DNA

2004 年，杨某的创新意识和实践使 W 支行成功地营销了 3 亿元的优质项目贷款。这种营销方式，在全国 G 行及 S 市的所有银行都没有"为"过。

318 国道 W 段是已经建成交付使用的收费国道，该段国道在 W 境内共约 40 公里，设有 2 个收费站、5 个收费点，每天收费 30 多万元。该项目公司想以该收费站收费收入作为还款来源，设定收费权质押取得中长期融资。公司同时以相同的条件和 W 所有的银行谈，但结果各家银行都认为项目是好的，但无法操作。因为按当时的贷款种类和操作模式都无法回避一个问题：项目既已建成，融资何用？一直以来，只有项目贷款用于建设该项目，以本项目未来收益还款。但对于已经建成完工的项目，还没有贷款方式可以操作。

G 行一开始也这么认为，但杨某当时就反复在思考这个问题：既然未来收益是稳定且可以预测判断的，并且收费权可以设定质押，如果作为一个新开工项目可以贷款，而现在建成使用并已收效的，反而无法贷款，好像有点讲不通，一定要想个办法来解决，既然风险可以控制，无非是个贷款用途问题，只要解决了这个问题，贷款就有可操作性了。通过与公司深入交谈和对财务状况的深入分析了解，杨某发现该项目公司当时在建设这条国道时，有部分应付款项与政府约定分期归还，他当即考虑是否能以债务置换的方式解决用途问题，这是一个新的想法和做法，需要经过全面、翔实的论证和分析。

　　在一次次地向上级争取后，S 分行终于同意以此种方式上报总行审批，在向总行多次汇报、得到了总行信贷审批部的同意后，这笔贷款得以成功发放，为 G 行不仅营销了一笔成功的贷款，也带来了存款及其他业务。公司也心悦诚服地支付了 200 万元的融资顾问费，并对 G 行的创新精神大加称赞，这笔业务同时也得到了当地政府的赞许和好评，并由此开始了 G 行和交通系统的全面合作。

从战术高手到战略高手

　　"高标定位创新进取，市场占比永不言败，一片事业之心，满腔奉献热情，我们是光荣的 G 行人，红色行徽是我们永远的骄傲，卓越品牌是我们无限的追求……"当杨某作词的 W 支行行歌《我们是光荣的 G 行人》在 W 市金融系统文艺会演中压轴演唱时，年轻的杨行长绽出了自豪的微笑。

　　1999 年 10 月，S 分行顾行长思想很开放，决定搞公开竞聘支行副行长、部室副处长，年轻的杨某时年 31 岁，自信的他果然一举竞聘成功，被调往 W 支行任副行长。

　　当时 W 支行开始形成以电子为核心的制造基地，杨某学过国际金融又从事过信贷业务，从此他便开始了甜酸苦辣的营销工作，到现在仍在继续。从营销台资企业开始，到营销大型民营项目、营销优质基础设施类项目、营销房地产开发贷款项目一路走来，他颇有心得：脸要厚，腿要勤，酒要喝，业务更要精，谈条件、谈价格、谈合作，上级要支持。

　　谈到竞争大项目，有个案例杨某颇有心得，B 房地产公司是 N 总行的战略合作伙伴，其公司高层与农行高层一直保持良好沟通，B 房地产公司斥巨资在 W 支行一口气拍下 1500 亩开发用地，在当时引起不小的震动，N 行依托总行固有关系轻松拿下了基本账户，双方承诺开发贷款，按揭贷款全部封闭在 N 行，在如此紧密的合作关系中，他行是很难有实质性合作进入的。该项目有 B 房产全国性公司作背景，凭借巨资拍下的整个地块总价虽大，但楼面地价并不高，可以预计，按其规划逐步开发，市场前景很好。G 行如何进入这个项目的合作呢？杨某当时已主持 W 支行工作，这个大项目的合作他已思

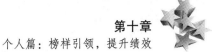
考很久了，如何入手，如何打开缺口？在一次次的上门拜访后，通过细致入微的观察，他发现原来 N 行与 B 房地产公司的合作并不像他们说的那样好，N 行因为有上级行的合作关系，因而觉得很放心，自我感觉过于良好，对待合作方也很自以为是。而 G 行却凭着真诚的合作态度、高效的办事效益和锲而不舍的钉子精神，一次次地登门拜访终于感动了 B 房地产公司，B 房地产公司的邹董事长说："想不到 G 行的竞争力这么强。"最终 G 行拿下了一期项目开发贷款的 50%，另一半因为 B 房地产公司碍于和 N 总行的战略合作伙伴关系才放给了 N 行。

杨某的"赢理论"

"唯市场不唯任务，求同业占比不求历史对比"，杨某在 2006 年的工作报告中响亮地提出了他的"赢理论"。

"只有盯着市场看，以市场容量为目标，才能在竞争中立足；只有着眼于市场份额的提高，才能在市场上有地位。"

"跟自己的过去比，只能是一种安慰，强者永远跟更强的人比。"

杨某通过对本行和他行的分析，树立了全行的信心，提出了当年新增存款 15 亿元、存款总量和增量超 Z 行、位次分别前移一位的目标。在中层干部会议上，有很多同志觉得新增存款 15 亿元是想都不敢想的事情，2005 年末存款是 50 多亿元，也就是说 2006 年增幅要接近 30%，是"不可能的任务"。

杨某说："做得到，首先要想得到，如果连想都不敢想，那肯定是做不到。因为敢想，所以才思考、才会想办法，想得多，做得多，困难就多，困难越多办法越多。小发展大困难、大发展小困难、不发展全困难。"

随着观念和认识在全行员工中的深化和认同，全行迸发出了新的激情。至 2006 年半年度新增存款就达到 20 亿元，增幅达 40%，并在四行排名中位列第一，极大地鼓舞了全行的斗志，分行党委为此专门发来贺信表示祝贺！

进入 2007 年，杨某继续带领全行员工坚持"唯市场不唯任务，求同业占比不求历史对比"的观念，以市场为导向，以客户为中心，存贷款增量继续保持着同业领先的位次。

摆在杨某眼前的工作和困难很多，压力和责任很大，但他天生乐观，岁月似乎没有在他身上留下太多的痕迹，他总是阳光地说："以年轻 10 岁的心

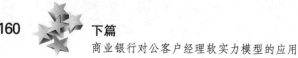

态去对待人生，生活永远是美好的，因为你的心理年龄比生理年龄更年轻。"

这就是杨某，永远是睿智的目光、灿烂的笑容、矫健的步伐，浑身上下散发着青年人的朝气，显示出年轻人的敏捷和干练，在 G 行建设现代金融企业、G 行争创一流精品支行的征途中，杨某和他的团队正满怀豪情，不断奋进。

［案例十三］ 激情歌青春，奉献谱新篇
——某商业银行 H 分行副总经理张某成长路径

张某，B 行 H 分行一名最年轻的副总经理，在各个工作岗位上都留下了追求、拼搏的足迹和突出的工作业绩。她 2002 年 7 月毕业于某大学日语系，这位客家妹子秉承"勇于开拓、积极进取"的宗旨，在 B 行这个大舞台上，激扬无悔青春，谱就亮丽人生。

诚信待人，以优质服务赢得客户

张某入行以来，先后在个人金融、会计出纳、外汇理财、外汇资金管理、外汇会计等岗位工作，她努力学习相关金融知识，不断提高自己的业务水平和服务技能。在与客户交往中，她诚信待人，言必行、行必果。她设计了规范专业的服务机制，包括平时每日通过电邮和传真向客户报价、方案设计及跟踪客户反馈、业务办理后为客户定期重新做产品价值评估的服务。她为各类客户叙做各类外汇资金理财产品，如远期利率协议、结构性远期外汇买卖、结构性存款、远期汇率风险管理等业务达 30 亿美元。

充分利用自身优势，打破外资企业营销突破口

2002 年 11 月，正在储蓄所实习的张某突然接到人事部的通知，要协助分行国际业务部营销一大型日资企业，要求两天内把厚达 30 页的营销方案翻译成日语交与客户。时间紧、任务重，张某凭借日常积累的日语金融知识，接到任务后，一方面通过各种途径用一个上午的时间向老同志们虚心讨教，把方案上的业务分析透彻；另一方面，凭借自己国际一级日语水平的根底，啃书本，查资料，孜孜不倦、坚持不懈地翻译到深夜，终于在规定的时间内向

客户交出了日文版本的金融服务方案。客户在接到日文版本的方案时露出惊喜的表情，在听到该同志以流利的日语解说方案时更是频频点头表示赞许。交流结束后，对方马上表示选择 B 行作为业务合作伙伴。这是 H 分行第一个大型日资客户，资本金达 1200 万美元。

该公司的成功营销为张某打开了一扇启蒙的大门，为其今后的发展点燃了明灯。2005 年她营销了另一世界 500 强企业 P 集团子公司。该公司自确定在 H 市投资开始就成了众商业银行重点营销的对象。总投资达 24 亿元人民币，有近 12 亿元人民币的融资缺口，营销的成功与否直接影响该行今后的市场占比情况。张某在营销中全程跟踪该企业组建进展情况，上网查阅关联信息，为制作金融服务方案收集资料；与营销小组成员相互交换意见，充分发挥团队精神，在制作方案时能想客户之所想，贴身制作。由于准备充分，在客户提出需求方案时，B 行早于他行提交了方案，而且是中日文版本的方案。客户毫无异议地选择了 C 行作为主办行。头炮的打响为该集团旗下两个子公司的营销铺平了道路，两家子公司先后选择了 B 行的服务。

与时俱进、开拓进取，以拳拳诚意打动客户

虽然日语令张某营销日资企业如虎添翼，但她并不因此止步不前，她知道日语只能作为一项工具，过硬的营销技巧、丰富的理财工具才能令她的客户群体更为广阔。L 公司是 H 市进出口第一名企业，年进出额达 30 亿美元，一直是各商业银行争夺的大客户。该企业一直以来都在其他竞争对手银行办理业务，忠诚度较高。张某不畏艰辛，毅然加入了营销行列。

张某首先是做好市场调查，通过各种形式了解企业的业务涵盖范围、业务种类等；查询竞争对手所能提供的各种金融产品、产品报价等，做到知己知彼，百战不殆。了解目标情况后，她开始进行自我评估工作。当时省行刚推出了票据托管业务，根据她的调查所知，企业有大量银行承兑汇票一直都是自己保管，但近期企业发生重大火灾，令企业财务负责人决定把票据放到银行保管，但目前合作的两家银行报价太高，企业迟迟没有实行。而 B 行当时刚推出票据托管业务，对一些大型目标客户可以申请手续费减免，张某综合考虑后认为这是 B 行营销 L 公司的最好突破口，马上向上级领导反映掌握情况，行领导根据分析马上实施营销措施，终于成功令客户开立人民币一般

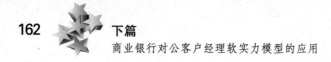

结算账户，并与其确立了业务合作关系。

初步取得的成果令张某增大了营销的信心，她乘胜追击。制作服务方案给企业解说，分析可行性，随时为企业解疑，平时更注意与企业人员打好人际关系。企业财务负责人面对这样一名银行员工，渐渐地从开始的不屑一顾到点头微笑到大加赞许，最后对方表示，如果 B 行能在 L 公司内部设立服务网点，他们将把所有的业务交给 B 行办理。张某立即把这一重要信息反馈给上级领导，行领导经过反复论证，决定开创先河，成立专职服务 L 公司的网点。此时，张某被委以 H 分行营业部副总经理兼新网点 K 支行行长的重任。面对行领导的信任和厚爱，年仅 28 岁的她更坚定了她人生的方向，全身心地投入到工作中去。

无私敬业，让青春在奉献中闪光

自担任分行营业部副总经理以来，张某始终保持高涨的工作热情，常常加班加点，扎根基层。作为支行的领导者，她深知以身作则的重要意义，深知团队力量的强大所在。通过言传身教和模范带头作用，教导员工立足本职工作，爱岗敬业，从基层做起，从普通的岗位做起。而作为共青团中的优秀一员，她在工作、生活和学习中，无时无刻不严格要求自己，同时关心员工的工作和生活，让他们感受到 B 行大家庭的温暖。

一时的成绩不代表永远的成功，张某将与她的同事们，齐心协力，按照B 行确定的发展方向和战略思路，抓住发展机遇，创新工作模式，用青春和生命拉起时代的纤绳，升起"奉献"的白帆，吹响"激情"的螺号，在金融改革发展大潮中，与 B 行一起，风雨同舟，勇往直前！

［案例十四］激情·坚韧·超越
　　　　——某商业银行公司业务二部国际项目合作处处长沈
　　　　某成长经历

沈某，1993 年 7 月进入 C 行 B 分行工作，1995 年 7 月调至总行营业部工作，现任该部国际项目合作处处长。入行 18 年来，她兢兢业业，恪尽职守，在总行营业部专业融资产品线业务转型、开拓国际银团市场、发展飞机融资业务和推进"走出去"项目融资等一系列业务工作中发挥了重要作用，为 C 行支持中国企业"走出去"、承担政府间合作项目促成贷款换资源作出了贡献。

投身于专业融资产品线改革，争当国际化金融服务的尖兵

2005 年，沈某以优异的成绩从国外某知名院校毕业。她谢绝了多家境外知名机构高薪聘请，选择回 C 行工作，投身于总行营业部调整业务定位、加快专业融资产品线的发展之中。凭着强烈的事业心、责任感和务实创新的工作作风，几年来，她作为重要参与者，完成了一系列改革方案制订和创新业务开拓工作，取得了一系列可喜的成绩。

2006 年，沈某带领国际银团处开拓国际银团业务。她借助英国留学建立的同业人脉，积极营销多家著名客户，摸索与同业合作备用银团、公司贷款银团和并购银团等品种的有效方法，并与多家外资银行开展合作。在行领导的关怀下，她和团队营销推进了某国运河扩建国际银团项目，克服两国未建交及 C 行无分支机构的困难，充分发挥产品线纵向延伸优势，调动全行资源协同作战，最终使得 C 行营销方案在信息量、技术含量、反馈时效及在当地市场影响等方面，都超过了其他中资银行，取得了较好的营销效果，使 C 行国际银团产品线在市场上崭露头角。

2007 年，沈某开始到飞机融资处工作。由于飞机融资的高度国际化和专业化，此前三大航引进飞机融资招标都被外资银行包揽。沈某带领团队通过深入钻研，请教专业律师，在较短时间内，硬是吃透了全套英文版的融资协议和抵押合同等文本，经过紧张有序的投标和谈判，获得了初步成功。

随着 C 行飞机融资影响力的不断扩大，国际著名航空公司之一的 Y 航要求安排飞机日式租赁融资，她带领团队又开始了新一轮的紧张学习和营销，掌握了日式租赁融资的内在规律和核心要领，并在谈判前精心准备，谈判中注重技巧，几经较量之后，不仅项目获得成功，更让 Y 航看到 C 行整体高效的能力和严谨专业的作风，从此建立了密切的合作关系。业内知名报刊还专门报道了 C 行飞机融资业务，称已达到同业先进水平。随后，国际一批著名大型航空公司都纷纷与 C 行建立了合作关系，C 行的融资支持了全球几乎所有主流机型，使 C 行飞机融资大步走向世界。

善于把握新的业务增长点，做商贷执行政府间合作项目的先行者

2010年，沈某来到以资源和能源换贷款为主的国际项目合作处，这是为配合一个新项目合作而组建的新团队。在前任领导良好的工作基础上，她不断拓展"能源换贷款"这一崭新而又重要的业务领域。开创了能源、贷款、项目三合一的模式，这种模式得到国家领导人的认可，在支持一批中资企业"走出去"、输出过剩产能的同时，引进了国家紧缺的能源和资源，强化了C行与这些重要客户的关系。在这次的项目中，由于借款人从其国家财政部改为国家石油公司，相关条款和结构均有较多变化，需要重新谈判，而对方提出希望一个月之内完成签约。为克服时差较大的困难，沈某白天带队谈判，晚上加班准备资料，经过她和团队的艰苦谈判，不但争取到对C行最有利的贷款条件，还争取到令我国石油接收方甚为满意的原油购买量，就是这样在确保质量前提下的抢时间、争速度，保证了2010年11月在高访见证下的签约，并实现顺利提款。

C行通过专业融资产品线业务支持中国企业"走出去"的三合一模式得到了外交部、商务部、发展改革委等部门的认可。沈某敏锐地意识到这是商业银行更多地服务政府间合作项目的机会，她率团队多次走访营销国家能源局，了解到中国与合作国政府间能源换贷款合作项目亟待落实融资。几经努力，在行领导的高度重视和亲自营销下，国家能源局指定C行独家安排中国与合作国政府间合作项目融资，这也是国家尝试按照商业原则运作政府间合作项目，标志着未来政府间合作项目中将更多地出现C行的支持和影响，并最终实现国家利益最大化。

带动过硬的专业团队，不断实现新的超越

同事们都感觉沈某身上总有用不完的精力。为了使专业融资产品线业务成为C行可持续发展的国际化拳头产品，近几年，她很少休年假，节假日也常常在工作或和国外项目方谈判及参加国际电话会议。在她的带动下，勇于开拓创新、乐于吃苦奉献的团队精神在国际银团、飞机融资、国际项目合作等团队乃至公司二部中蔚然成风。

2011年9月26日，C行首笔对S国重点项目融资顺利完成提款，当许多

国内外同业在为 C 行"走出去"业务又上新台阶而赞叹感慨时，沈某已经和同事们在 S 国完成了项目的现场前提条件落实，并与另两家石油公司展开了又一新项目的艰苦谈判，开始了她在 C 行跟随、引领中国企业"走出去"业务领域新的探索。

入行 18 年来，沈某在 C 行一个又一个工作岗位上默默地辛勤耕耘，为 C 行的改革发展奉献着青春和才智。面对未来，沈某信心百倍，她相信自己，更相信她的专业融资产品线，一定能为 C 行的国际化发展战略作出新的贡献。因为在她心里始终有这样一种认识：中国企业要走向世界，C 行要打造百年老店，更要成为跨国银行，C 行必须和企业融为一体，跟随引领，全面服务，不仅要"走出去"，更要"走进去"、"走上去"，成为所服务国家的首选银行、主流银行，这种前无古人的事业只有始点，没有终点；只有不断地超越自我，永无止境。

［案例十五］ 辛勤耕耘谱写青春乐章，真诚奉献浇铸 D 行大业

——D 行 N 分行个人金融业务部总经理郑某成长路径

郑某，1995 年 7 月进入 D 行 N 分行信贷处工作，2005 年 10 月起担任 N 分行个人金融业务部总经理至今。14 年来，尽管岗位多次轮换，但是在每一个岗位上，郑某都用勤奋、务实和创新的作风，用勤学不止、求知不辍的精神，谱写着激情四溢的青春乐章，倾尽其所知、所能、所思，为 D 行的世纪大业倾注点点滴滴。

1995 年 7 月，郑某进入 N 分行工作，被分配到信贷处。短暂的实习期之后，他被安排从事工程预决算编审工作。作为一名从投资经济管理专业毕业的文科生，面对繁杂的计算公式、复杂的建筑物结构、浩瀚的工程定额，郑某没有退缩，毫无怨言，硬生生地利用业余时间，在很短的时间内就掌握了这门完全属于工科的技术，并且在 N 市工程预决算人员考试中，获得"优秀"成绩，他用自己过人的"技术"、高度的责任心和职业道德，编制、审查了数十个工程项目的预决算，既保障了 D 行信贷资金的用途，也为 D 行的贷款客户节约了巨额的资金，有的时候一个项目就核减数百万元，甚至上千万元。

1997 年，郑某又被领导安排从事项目贷款评估业务。这是一项兼具信贷和技术特色的业务，需要扎实的财务会计知识。为了弥补自身知识结构的不足，郑某每天守在电视机前，硬是用几个月的时间，"啃"完了《财务会计》课程，几大本的笔记加上在工作中结合实际的摸索，在不经意中，同事和企业的财务人员发现他已经成为财务"专家"。在多个重大项目的评估中，他以过硬的专业水准、透彻的分析能力和扎实的工作作风，为信贷决策提供了高质量的评估报告，也令企业为之折服。在一个"四自"公路改造项目评估中，为了获得第一手的数据资料，为了对项目可行性研究报告的分析材料进行验证，他带领评估团队，连续数天，顶着炎炎烈日，在这条公路上对来往车辆进行逐辆计数。辛勤的付出也得到了丰厚的回报，他们掌握了宝贵而真实的数据，准确地测算了项目效益，有力地保证了信贷资金的安全。

工作需要什么就学什么，这是郑某所信奉的，也是长期以来践行的。在Ms－Dos 时代，他是 N 分行第一个钻研学习、使用电脑撰写评估报告的人；在 20 世纪 90 年代中期，由于财务制度变更，信贷工作第一次需要编制企业"现金流量表"的时候，他看到了手工计算带来的繁重工作量和极难校验的差错，利用业余时间，他钻研 Excel 的程序编制方法，结合自己的财务会计知识，编制出了录入"资产负债表"和"损益表"直接生成现金流量表的电脑程序，解放了全行为上千户企业编制现金流量表带来的无以计数的劳动量，而他所做这件事情，既不是领导布置的，也不是他所在部门——项目信贷处的分内之事。这样的例子，在郑某的工作经历中还有很多很多。

2000 年 8 月，郑某被分行派到所辖 J 支行担任公司业务部主持工作的副经理，这是他在基层机构工作经历的开始。尽管这是他在工作以后第一次走上经营岗位，尽管在 J 支行的工作时间只有四个多月，但是他迅速实现了从一个分行管理人员向直接面对客户、直接面对市场的一线营销人员的转变。他在经过深入分析和思考的基础上，切中要害地看到 J 支行公司业务的最大缺陷在于客户集中度过高、发展后劲不足和传统企业多、外资客户少的现实情况。因此，他带领公司业务部团队，跨出以楼宇、商贸为主要结构的支行所在区域，将营销触角延伸向工业园区等新兴市场，在四个多月的时间里，成功营销了数十家公司客户，包括多个投资数千万美元的外资项目以及学校、医院等优质客户。有时候，对从未谋面的外资客户，他常常是凭借从招商引资部门获得的一个电话号码，就守在高速公路出口或者直接在投资洽谈会上展开营销攻势。

2000年10月，N分行历史上首次全行范围内副处级干部公开选拔，在同事的不断"怂恿"下，担任副科长职务不到两个月的郑某抱着试试看的心情参加了选拔，结果以笔试第二、面试第一的成绩脱颖而出，成为"黑马"，破格提拔，2001年12月末被任命为M支行副行长，分管市场营销。在该支行一年的时间里，郑某身先士卒，在这家几乎从零开始的支行，带领营销团队，一家客户一家客户拜访、一个项目一个项目营销，提出了"立足园区、面向全市"的发展定位，提出了"巩固一批、发展一批、储备一批"的发展思路，在科技园区，做到了"有项目必有D行"，在区外也争揽了一批证券、房地产等行业的优质客户，为这家创业伊始的支行奠定了坚实的发展基础。

2002年初，郑某被调到分行公司业务部担任副总经理，分管营销。除了承担对大项目、大客户的营销重任外，此时的N分行公司业务营销队伍正面临着从信贷员向客户经理转变的重要任务，迫切需要建立有效的公司客户经理考核机制，为全行公司业务发展搭建科学的机制平台。接到这一任务后，他深入分析公司客户经理的行为模式，潜心研究系统内先进分行和同业的做法，经过反复测算、论证后，在很短的时间内制定了以模拟贡献为核心的全量化考核办法，并创造性地提出了以拓展系数确定客户经理贡献比重的方法，而后在科技部门的配合下开发了完全自动获取数据、自动计算，实现"T+1"业绩和报酬查询的考核系统。这一考核办法和系统，当时在全行也处于领先水平。

2004年10月，郑某被派到X支行担任主持工作副行长，这是一家由6家网点新设成立的一级支行，创业初期、百废待兴，郑某带领全行同志，提出了"客户高贡献、业务高品质、资产高质量、管理高效率、人员高素质"的"五高"发展思路，建队伍、拓市场、强管理，在任职一年的时间里，支行在安全运行的基础上，争揽了一批大项目、优质中小企业和个人客户，存款、贷款等各项业务迅猛发展，经营利润更是猛增70%以上。

2005年9月，郑某调任N分行个人金融业务部总经理。从长期从事公司业务到担任个人金融业务部负责人，这对他是一个很大的挑战。面对当时在全国排名比较靠后的现状，他不急不躁，沉下心来，深入一线，潜心思考，

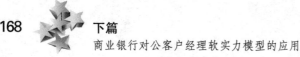
认真梳理思路，按照总行的战略部署和分行党委的决策精神，确定了战略目标，并且根据战略目标制订了一系列的建设方案，开发了一系列的创新产品。经过近四年的努力，N分行个人金融业务不断攀升，不断跃上新的台阶。

14年兢兢业业，14年锐意进取，从郑某的身上，闪烁着的是D行人勤奋、务实、创新的当代精神；从郑某的成长轨迹上，我们看到的是既高瞻远瞩，又勤勉务实，同时"行"、"思"结合，不惘不殆的坚实道路。在未来的前行道路上，郑某将和所有热爱D行事业的同仁们一起，为创建"最具盈利能力、最优秀、最受尊重"的国际一流商业银行努力奋斗！

第十一章　组织篇：标准搭建，典型引领，借力软实力模型提升银行绩效

本章提要　软实力水平的提升既是客户经理个人的事，更是整个银行的事。因此，商业银行的一项重要挑战是如何提升全体对公客户经理的管理水平。本章从商业银行的视角对这一问题进行了探讨，分析了银行如何运用"商业银行对公客户经理软实力模型"提升软实力水平，促进银行业绩的提升。

软实力胜任标准的建构是开展人力资源管理活动的基础。"商业银行对公客户经理软实力模型"构建好后，即可以此为基础，运用测评手段对对公客户经理候选人进行测评，从而为决策者提供相对科学和量化的参考，提高专业性。同时，该模型也可用于在岗对公客户经理的软实力评价，进而为对公客户经理的培训、绩效考核、薪酬管理以及职业生涯规划提供参考依据，促进建立新型商业银行管理平台（见图 11.1）。

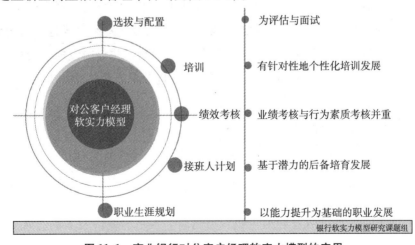

图 11.1　商业银行对公客户经理软实力模型的应用

一、基于软实力模型的商业银行对公客户经理候选人选拔与配置

传统的对公客户经理招聘与选拔多停留在以教育背景、知识水平、技能水平和以往的经验而非软实力来作出聘用的决定，但往往知识丰富、技术能力较强的人不一定就是绩效优秀者。因此，这种选拔方式可能并不能很好地选拔出高潜力者。而基于软实力的对公客户经理和管理人员选拔，挑选的是具备软实力和能够取得优异绩效的人，而不仅仅是能做这些工作的人。因此，人职匹配不仅体现在知识、技能的匹配上，还必须重视内隐特征的匹配。这样做的理由是，处于软实力结构表层的知识和技能，相对易于改进和发展；而处于软实力结构底层的核心动机、人格特质等，则难以评估和改进，但对软实力却有着重要的贡献。只有具有与商业银行企业使命一致的人格特质和动机的人，才可能与银行建立以劳动契约和心理契约双重纽带为基础的战略合作伙伴关系，才可能被充分激励而具有持久的奋斗精神，才能将企业的核心价值观、共同愿景落实到自己日常的行为过程中，从而造就卓越的组织。

以"商业银行对公客户经理软实力模型"为基础，可以构建基于软实力的对公客户经理选拔与配置机制。对对公客户经理候选人的能力、技能和素质进行评估的最实际、最有效的方法之一是基于行为事件的面试方法。这一面试方法的假设前提是过去的绩效能最好地预测未来的绩效。优秀的决策者根据"商业银行对公客户经理软实力模型"，对对公客户经理候选人价值观，以及在过去行为中所表现出来的能力高低进行判断，并与岗位软实力标准对照，预测对公客户经理候选人在该应聘岗位的未来表现，作出是否录用的决策。

对商业银行对公客户经理的选任除了采用传统技术外，还可以运用心理测验、管理游戏、评价中心技术以及结构面试等测评技术等。

（一）心理测验

心理测验主要包括人格测验和智力测验。人格测验涉及人的心理状态、情感或行为等非智力方面的人格因素，通常包括对性格、情绪状态、人际关

系、动机、兴趣和态度的测量。决策者将测评结果，作为决定候选人是否符合岗位要求的参考。考察方法——纸笔测试或上机测试，由每人单独完成问卷，可以进行集体施测；其特点在于能快速地测出个人的职业倾向。

（二）管理游戏

决策者可将应聘者分为几个小组，每个小组完成同样的任务，如进行模拟销售或市场占领。各小组自助分配，在 2~3 个小时之内协作完成。决策者可以在客观的环境下，有效地观察应试者的领导特征、能力特征、指挥特征和关系特征等；可多人分多组集体施测，并可以突破实际工作情景时间和空间的限制，模拟内容真实性强，富有竞争性和趣味性。

（三）结构化面试

结构化面试是指依据预先确定的内容、程序、分值结构进行的面试形式。面试过程中，主试人必须根据事先拟订好的面试提纲逐项对被试人测试，不能随意变动面试提纲，被试人也必须针对问题进行回答，面试各个要素的评判也必须按分值结构合成。也就是说，在结构化面试中，面试的程序、内容以及评分方式等标准化程度都比较高，面试结构严密，层次性强，评分模式固定。

在面试中，主试人根据面试提纲逐项向被试人提出问题，被试人必须针对问题进行回答。多个被试人都会面对同样的一系列问题，面试的内容具有可比性。这样，对所有面试者来说比较公平。由于被试人对同样问题进行回答，主试人根据统一的评分标准进行评价，操作起来比较方便而且也容易作出公正的评判。

目前，结构化面试因其直观、灵活、深入、具有较高的信度和效度而不断为许多用人单位接纳和使用，它作为现代人员素质测评中一种非常重要的方法也日益受到人们的重视。

（四）评价中心技术

评价中心技术，又称评鉴中心技术，是一种用于甄别应聘者和工作候选人未来潜能的评价过程。它通过把候选人置于相对隔离的一系列模拟工作情景中，以独立作业或者团队作业的方式，并采用多种测评技术和方法，观察和分析候选人在模拟的各种情景压力下的心理、行为、表现以及工作绩效，以测评候选人的管理技术、管理能力和潜能等素质。

（五）无领导小组讨论

无领导小组讨论就是采用情境模拟的方法对应试者进行集体面试。就其操作方式而言，无领导小组讨论就是通过给一组应试者（一般是 5 ~ 7 人）一个与工作或社会实际相关的问题（所讨论问题的内容根据招聘的职位特点而定），让应试者进行一定时间（一般是 1 小时左右）的自由讨论；就其形式而言，是应试者围绕圆桌而坐，就一个问题进行发言、辩论。在整个无领导小组讨论过程中都不指定谁是领导，即"无领导"，他们在讨论问题时的地位是平等的。当然也不指定每个应试者应该坐在哪个位置，而是让所有应试者自行安排、自行组织发言次序并展开讨论。在应试者进行讨论的过程中，主考官并不参与，只是在讨论之前向应试者介绍一下讨论的问题，规定应试者所要达到的目标以及时间限制等。评价者通过应试者在讨论中的言谈举止，观察每位应试者的表现，从而作出准确评价。

二、基于软实力模型的商业银行对公客户经理培训设计

基于软实力模型设计的培训，是对员工进行特定职位的关键软实力的培养，培训的目的是增强员工取得高绩效的能力、适应未来环境的能力和软实力发展潜能。与传统的培训相比，基于软实力的对公客户经理培训系统更富有针对性。通过"商业银行对公客户经理软实力模型"，对公客户经理可以发现自己的"短板"，从而有针对性地实施培训计划。这种培训设计重视管理软实力的培训。

以"商业银行对公客户经理软实力模型"为基础，商业银行基于软实力的培训与开发基本程序一般分为培训需求分析、培训与开发计划的制定和实施、培训与开发效果评价。各个阶段不是孤立的，而是相互影响的，商业银行应该依据培训与开发的效果，不断调整各个阶段内容，提高培训与开发的效果。

（一）基于软实力的培训需求分析

培训需求分析是指在培训活动之前，由培训部门、主管人员、工作人员等采取各种方法和技术，对各种组织及其成员的绩效、软实力水平及职业发展愿望等方面进行系统地鉴别与分析，以确定是否需要进行培训及培训内容的一种活动或过程。在基于软实力的培训与开发体系中，软实力模型为培训需求分析提供了可参照的标准。

基于软实力的培训需求分析模型（见图11.2）。在模型中，逻辑关系分为横向和纵向的关系。横向逻辑为员工实际情况和银行要求之间的差距，在这个比较过程中，以软实力模型作为参照标准，通过员工当前状况和理想状况的对比，能够比较准确并有针对性地提出培训需求。在纵向上是软实力和行为、绩效的逻辑关系。软实力特质往往通过一定的行为方式表现出来，一定的行为导致相应的绩效水平，这也是行为事件访谈法的理论基础。培训发展需求的确定不仅仅要考虑员工软实力水平与银行要求的差距，也要充分考虑银行的内外环境，如组织结构、成本承受能力等。只有考虑员工软实力发展需求和银行内外部环境，这样的培训发展需求才能真正符合组织和个人要求，并能够有实施的基础和条件。否则，培训和发展计划就没有办法制定和执行，也就没有实践意义。

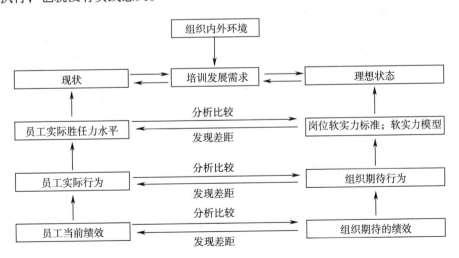

图11.2　基于软实力的培训需求分析模型

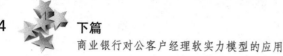
　　基于软实力模型的对公客户经理培训主要取决于两方面：一是对公客户经理或准对公客户经理当前软实力水平与岗位软实力要求是否有差距；二是对公客户经理或准对公客户经理当前软实力水平是否能达到新的职位所提出的新的要求。我们可以对照员工行为方式和绩效水平与组织期待的行为方式，以及绩效水平来判断员工软实力水平是否符合当前岗位软实力要求。如果不能满足，应该通过分析比较，找出差距，并以此来确定培训需求。因此，基于软实力的培训需求分析是兼顾了组织和个人两者的共同需求，是双赢模式。

（二）制订和实施基于软实力的培训与开发计划

　　在对培训需求进行比较充分的分析后，一旦确定培训与开发的必要性和可能性，就进入培训与开发计划的制订和实施阶段。培训与开发计划主要包括以下几个方面的内容。

　　1. 确定培训与开发目标

　　培训与开发目标是根据需求分析结果来确定的期望达到的效果，并且这些效果必须是可以测量的。基于软实力的对公客户经理培训与开发的目标主要是通过培训与开发实践提高对公客户经理或准对公客户经理的总体软实力水平，塑造个人及组织核心竞争力，为实现组织战略目标和个人职业发展规划提供动力支持。

　　2. 确定培训与开发内容

　　培训与开发内容主要是银行或准对公客户经理在知识、技能、态度和价值观等软实力要素上的水平与当前及未来要从事的职位软实力要求之间的差距。基于软实力的培训体系是个性化的培训发展方式，通过对员工软实力的分类、分层的剖析后，参照职位软实力模型，比较容易发现软实力的差距，从而确定培训与开发内容。

　　3. 设计培训与开发方式

　　根据培训目标和培训内容，在条件许可的范围内，确定可行的培训与开发方式，其中包括讲授法、研讨法、案例研究、行为示范、工作轮换、角色扮演、管理游戏和现场观摩等。因为软实力的培训与开发强调软实力冰山结构图中水下深层的软实力特质，如动机、价值观、行为方式等，所以更常用的是行为示范、角色扮演等。

4. 培训成本分析

软实力结构冰山图中的水上冰山部分（如知识、技能等），相对易于改进和发展，培训是最经济有效的方式。但基准性软实力只是对胜任者基础素质的要求，它不能把表现优异者与表现平平者区别开来；软实力结构冰山图中水下冰山部分（社会角色、自我概念、人格特质和动机/需要），则相对难以改进和发展，且越往水下，难度越大，培训与开发需要的时间和花费的成本越大。但深层软实力又是区别表现优异者与表现平平者的关键因素。这时就要进行权衡分析，当进行软实力培训所花费的成本超过选拔招聘所需的成本时，则直接进行招聘则是更为经济有效的方法。正如哈佛大学教授 McClelland 所说："你可以教会一只火鸡爬树，但更简单的是找来一只松鼠。"培训与开发计划一旦制订，就必须按照计划去落实。没有落实的计划，最后只能是一纸空文，没有任何实际意义。

（三）对基于软实力的培训的效果进行评估

培训与开发评估是完整的培训与开发流程的最后环节，它既是对整个培训与开发活动实施成效的评价和总结，也能够为下一次培训需求分析提供重要信息。管理者可以通过不同的测量工具评价培训与开发目标的达成情况，并据此判断培训与开发的有效性。它是一个系统地收集有关人力资源开发项目描述性和评判性信息的过程，目的是便于商业银行在选择和调整培训活动时作出更理性的决策，而不至于凭经验和感觉作模糊判断。

作为一个完整的系统的培训开发活动，应该使评估贯穿于整个过程，并且坚持结果评估和过程评估相结合的原则。但是，每个阶段的评估重点应该有所不同，比如，在培训与开发需求分析阶段，主要是评估培训与开发需求是否全面、准确等。

三、基于软实力模型的商业银行对公客户经理绩效考核设计

绩效＝结果＋过程，引进平衡计分卡和关键业绩指标能清楚地界定绩效在结果方面的指标，而引进软实力模型之后则能非常容易地界定绩效在过程

方面的指标，从而极大程度地简化绩效评价过程，并能鼓励员工不断地提高自己的软实力水平。

在以往绩效评估时，评估人员经常会发现很难收集被评估对象工作绩效的充足数据，或者只强调绩效目标，而不管员工是如何取得绩效等。在对对公客户经理考核过程中，由于缺乏足够科学的考核方法，大多数考核只能看到被评估对公客户经理显在的业绩，而不能科学地预测被评价者的潜在业绩。而基于胜任特征分析的考核评估，就为商业银行对公客户经理的绩效考核提供了新的思路和技术基础。基于软实力模型的绩效考核在绩效标准的设计上既要设定任务绩效目标，又要设定胜任力发展目标。绩效标准的设计还要对对公客户经理的贡献和胜任力发展、目前的价值和对组织长远发展需要的重要性、短期绩效和长期目标作出适当的平衡。这种经过科学论证和系统化的考核体系，也正体现了绩效考核的精髓，真实地反映了员工的综合工作表现。因此，基于胜任力的考核指标体系，是一组能科学确定区分优秀与普通组的指标集。在绩效评估时，应从目标任务的完成、关联绩效的提高、胜任力的发展等方面来进行。

首先，建立绩效测评指标体系。对公客户经理的绩效目标不仅包含任务绩效，还包含关联绩效。尤其是在目前竞争激烈的情况下，要求对公客户经理不仅要很好地完成自己分管或承担的工作任务，还要与其他团队成员密切配合，更多地、更好地创造周边绩效和适应性绩效，以不断促进整个银行业绩的提升。因此，在考核商业银行对公客户经理时，要在原有考核指标体系的基础上，增加帮助他人、承担本职外工作等考核内容。由于前面已经建立了测量商业银行对公客户经理绩效的量表，因此，在具体实践中，可以将此量表设计成测评问卷内容的一部分，添加到对对公客户经理的测评表中。

其次，选用正确的评价方法。在很多企业里面，都是直接上级对下级进行业绩评价以及能力评价。这样做有它的正确性，因为直接上级对被评价者起到绩效目标设定、过程监督以及结果评价的作用，有很多的机会对被评价者进行观察和了解。但是，上级并不是时时刻刻都在观察被评价者，被评价者在工作过程中也不仅仅是与上级打交道，被评价者的业绩与能力也不仅仅可以被上级评价，并且被评价者也不仅仅对上级负责。因此，仅仅由上级来评价会受到一定的局限，从而不能全面地考察被评价者的业绩和能力素质。

而360度评价法则可以弥补上述方法的局限，它选择被评价者的上级、同级、下级或客户以及被评价者自己进行评价，从而能够得到全面的信息和材料，使我们能够更加准确地了解被评价者的情况。基于"商业银行对公客户经理软实力模型"，我们对在职的对公客户经理以及对公客户经理的备用人员进行评价时都可以采用360度评价法来考察其能力素质。

将软实力模型应用于绩效管理，需要建立公正的、具有发展导向和战略性的绩效管理体系。这样一个绩效管理体系应包括四方面的内容：（1）绩效目标是建立在认同和信任的基础上，员工参与绩效目标的制定，并通过管理沟通形成绩效承诺；（2）在整个绩效管理过程中，管理者应针对下属软实力的特点，给予相应的指导、支持和授权，不断提高下属的工作自主权，推动员工与企业共同成长；（3）绩效考核应做到公平、公正，绩效沟通应着眼于软实力发展与绩效提高；（4）绩效管理不能仅仅局限于员工个人的绩效，应注意软实力中人际技能和团队协作能力的培养与发挥，合理设计工作群体，努力提高群体绩效。

四、基于软实力模型的现代商业银行后备对公客户经理选拔和培育

企业接班人计划是现代企业应对各种危机管理所不得不采用的一种策略。运用软实力模型，商业银行能够选拔出有潜质的企业接班人（后备人才），从而为组织的发展提供合适的领袖人才，进而实现企业的长远发展。

接班人才的选拔和培养机制对于组织来说是一把"双刃剑"，如果使用得当，就能够吸引、留住和激励人才；但使用不当则可能导致优秀人才流失，甚至给组织带来难以预测的危机。对于竞争激烈的商业银行来说，建立全新的、科学的、系统的对公客户经理后备人才选拔培育系统，对于银行在知识经济时代获得生存和竞争优势具有重要意义。鉴于此，改革和完善后备人才选拔培养机制，以"商业银行对公客户经理软实力模型"为基础，建立对公客户经理后备人才选拔评价体系；以行为事件访谈法、评价中心法为手段，完善基于业绩和能力的人才测评体系，是当前许多银行所面临的一项紧迫任务。

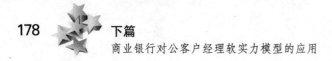

五、基于软实力模型的商业银行对公客户经理职业生涯规划设计

运用软实力模型这一有效工具，商业银行可以对在岗对公客户经理软实力现状进行评估。在此基础上，结合对公客户经理本人的工作特点和行为特质，为其设计符合个人需要与企业需要的职业生涯规划，从而实现"双赢"。

成长与发展是人的一项基本而重要的需求，提高岗位胜任力和就业能力是员工职业发展的重要方面，同时员工的发展又促进了组织竞争力的提升和组织发展。通过开发软实力模型，对员工的胜任力潜能进行评价，帮助员工了解个人特质与工作行为特点及发展需要，指导员工设计符合个人特征的职业发展规划，并在实施发展计划过程中对员工提供支持和辅导。这样，不仅能帮助员工实现自身的发展目标及职业潜能，也能促使员工努力开发提高组织绩效的关键技能和行为，实现个人目标与组织经营战略之间的协同，达到员工和组织共同成长和发展。

软实力模型在理论上具有相当的优越性，在国内外许多优秀企业实践中也取得了良好的效果。然而，由于文化适应性和银行业的特殊性、银行人员素质以及基础管理的限制，基于软实力模型的管理实践活动必须循序渐进，先从理念的引入，再到实践运用，并最终在管理实践中发挥重要作用，进而重新塑造新型管理体系，全面促进银行业务的发展。

第十二章　商业银行"对公客户经理软实力测评系统"研发及应用

本章提要　软实力模型是行之有效的管理工具。本章分析了以软实力模型为基础研发的"对公客户经理软实力测评系统"的研发过程。重点介绍了"商业银行对公客户经理软实力测评系统"的构建过程及功能。某商业银行广东省分行的运营实践表明,"对公客户经理软实力测评系统"具有相当科学的信效度,能够帮助选拔与培育优秀的岗位任职者。

一、商业银行"对公客户经理软实力测评系统"量表的开发

为将软实力模型真正应用于管理实务,指导人才选拔与开发,课题组以"商业银行对公客户经理软实力模型"为基础,并修改和完善了商业银行对公客户经理软实力测验量表。通过对 500 多名在岗任职者进行量表调查结果表明,该测评量表的信效度指标较好,测验工具性能良好,可以推广应用。该测评量表可以为商业银行对公客户经理的选拔、绩效考核以及培训提供专业化的参谋支持,促进商业银行提升经营管理业绩。

二、商业银行"对公客户经理软实力测评系统"的构建及功能简介

为了提高测评效率,借助信息化手段,课题组将银行对公客户经理软实力测评量表嵌入系统,构筑了基于网络的人机对话形式的在线测评系统——

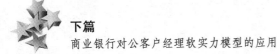

"对公客户经理软实力测评系统"。该系统是以现代人才测评技术为基础的首度创新性尝试，它以经济学、银行经营管理学、人力资源管理学、人才测评学等学科为理论依托，借助网络手段，通过系统提供多方面人才测评。

"对公客户经理软实力测评系统"包括四个模块，分别是软实力素质测评模块、职业能力测评模块、心理健康测评和行为风格测评模块。软实力素质测评模块是一个能够反映出测评者软实力潜力特征的量表。职业能力测评模块测重于考察候选人对语言文字的分析综合和理解概括能力、对定义的推理把握能力以及对文字、图形、表格等数据的综合分析能力。心理健康测评模块则重在测评候选人的情感症状、抑郁和焦虑的心理障碍。行为风格测评模块用来了解候选人的个性特点、行为特点以及在日常工作中通常是如何与同事沟通相处的，帮助全方位了解候选人的管理风格。

"对公客户经理软实力测评系统"通过人机对话的网络测评，由电脑自动生成量化的测评报告，报告能给决策者提供一个更加全面的信息，降低管理者用人决策的风险，减少用人失察，提高人岗匹配程度，促进业务发展。

"对公客户经理软实力测评系统"具有诸多的特点，它基于"商业银行对公客户经理软实力模型"，具备相当的科学性和可行度；采用人机对话方式，操作简便快捷，支持多用户同时在线测评；测评内容涵盖软实力素质测评、心理健康和职业能力多个方面，测评模块较为全面；系统自动记录各个测评者的基本信息及测评结果，支持批量数据处理，方便使用者对测评结果统计分析；系统扩展性强，为以后的升级和测评模块的增加留有多个扩展接口。测评结果直观清晰，便于使用（见图 12.1 和图 12.2 的测评结果示例图）。

三、"对公客户经理软实力测评系统"运行报告

"对公客户经理软实力测评系统"投产后，率先在某大型商业银行广东省分行进行了探索式应用。为解决该行对公客户经理选拔的管理困境，我们根据该行的实际情况对模型和测评系统进行了细化和完善，然后率先将其投入到对公客户经理选拔中。

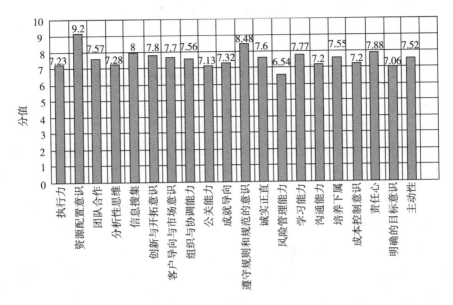

资料来源：商业银行核心岗位软实力模型研究课题组。

图12.1　"对公客户经理软实力测评系统"之软实力素质测评模块测评报告示例图

测评用户基本信息			软实力素质测评结果									职业能力测评结果					心理健康测评结果		行为风格测评结果
姓名	单位及职位	测评时间	团队合作	客户导向	团队合作	分析性思维	信息搜集	创新与开拓意识	公关能力	成就导向	职业操守	风险意识	……	言语能力	数理能力	推理能力	信息分析能力	综合能力	抑郁等级	焦虑等级	
朱××	××经理		★	▲	★	★	▲	●	●	●	★	●		●	●	●	●	●	●	●	

注：1. 各符号所代表的胜任力水平：★代表该项胜任素质处于较高水平（强项）；▲代表该项胜任素质处于中间位置（中等）；●显示该项胜任素质表现欠佳（较差），需要着力提升。

2. 行为风格测评结果用小动物来代表被测评人的管理风格：老虎代表支配型；孔雀代表表达型；考拉代表耐心型；猫头鹰代表精确型；变色龙代表整合型。

（老虎）　（孔雀）　（考拉）　（猫头鹰）　（变色龙）

图12.2　"对公客户经理软实力测评系统"综合测评结果报告示例图

从系统的运营效果来看，基本达到了预期的效果。使用单位普遍反映，该系统能够较好地预测对公客户经理候选人的未来绩效，对于银行进行人才选拔、储备和培育发挥了重要作用，提高了人才管理和配置水平，较好地促进了业务发展。

四、"对公客户经理软实力测评系统"追踪分析报告

从系统总体运营效果来看，"对公客户经理软实力测评系统"基本达到了预期的效果。然而，该模型的实证效度如何？利用该模型进行对公客户经理任职者的选拔与测评是否能够真正选出未来能产生高绩效的任职者？针对这些问题，为进一步验证所建构的"对公客户经理软实力测评系统"的有效性，我们采用追踪分析法跟进分析任职者的实际工作表现，通过实践来证明系统的真实有效性。

按照方便取样的原则，课题组在某商业银行广东省分行辖内选取三十名通过测评并且顺利走上对公客户经理的被试者，跟踪其三年的绩效，以了解这批人选在实际工作中的表现，进而检验"对公客户经理软实力测评系统"的有效性。

结果表明，通过"对公客户经理软实力测评系统"的候选人基本都取得了较好的绩效，未完全通过测评系统的候选人的绩效表现欠佳。这说明"对公客户经理软实力测评系统"的匹配吻合度较高（调查样本的匹配吻合度在80%以上），可以进一步推广使用。

五、"对公客户经理软实力测评系统"的全景应用

"对公客户经理软实力测评系统"在某商业银行广东省分行的实践表明，软实力模型是行之有效的管理工具，课题组所建构的"商业银行对公客户经理软实力模型"具备科学性。以该模型为基础生成的"对公客户经理软实力测评系统"能够较好地预测候选人的绩效，可以进一步推广使用，能够为商业银行行长的绩效考核、培训、薪酬管理以及职业生涯规划提供参考依据，促进建立基于领导力的现代商业银行新型管理体系。

1. "对公客户经理软实力测评系统"在对公客户经理选拔与配置中的应用

基于软实力模型的人员选拔依据的是优异的绩效以及能取得此优异绩效

的人所具备的胜任特征和行为。这就要求选拔出的分支行对公客户经理及管理人员不仅要具备该岗位绩优者的胜任特征，还应当具有与组织匹配的胜任特征。鉴于此，我们根据"商业银行对公客户经理软实力模型"所构建的软实力标准，重点考察候选人内隐特征，以及在过去所表现的能力，预测候选人的未来表现，以此作出是否选用的决策。

"对公客户经理软实力测评系统"可以在对公客户经理选拔与配置中发挥重要作用。通过该系统重点对对公客户经理候选者的价值观（包括性格、态度、行为方式等）、能力和技能进行评估。在评价时采用的方法也会与以前的不完全一样，行为事件访谈法（BEI）、工作样本、情景模拟等技术将被更广泛地采用，这将选拔出富有潜力并且未来能够产生高绩效的对公客户经理，进而促进银行业务的发展。

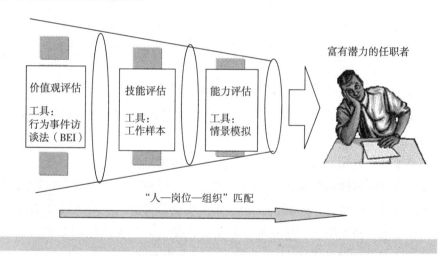

资料来源：商业银行核心岗位软实力模型研究课题组。

图12.3 "核心岗位软实力测评系统"在选拔与配置中的应用

2. "对公客户经理软实力测评系统"在对公客户经理绩效考核体系中的应用

绩效 = 结果 + 过程，基于软实力模型的绩效管理除了以结果为导向、关注短期绩效外，还要关注当前与未来的绩效。因此，"对公客户经理软实力测评系统"可应用于商业银行对公客户经理的绩效考核体系中，构建业绩指标加过程考核相结合的绩效考核体系。在年度考核中，引入领导力测评，从而较好地界定对公客户经理在完成绩效过程中的素质展现情况，鼓励在岗对公客户经理不断提高自己的领导力水平，进而提升银行绩效。

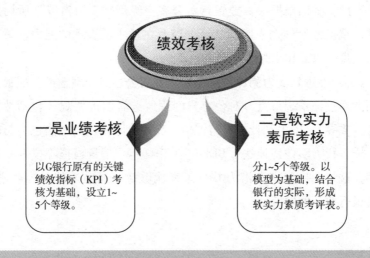

图 12.4　"核心岗位软实力测评系统"在绩效考核体系中的应用

3. "对公客户经理软实力测评系统"在对公客户经理培训与开发中的应用

基于软实力模型，使用"对公客户经理软实力测评系统"结果，可进一步设计更有针对性的对公客户经理培训方案，对对公客户经理进行特定职位的关键领导力的培养，提高其任职绩效。改变传统的人员培训往往是面向适应岗位要求的技能培训，建立基于软实力模型的对公客户经理培训体系，通过培训增强任职者取得高绩效的能力、适应未来环境的能力和领导力发展潜能。

4. "对公客户经理软实力测评系统"在后备对公客户经理选拔中的应用

后备干部的选拔是保障银行业务可持续性发展的战略举措。采用"对公客户经理软实力测评系统"，可加大系统在后备对公客户经理管理中的使用范围，通过客观评价候选人能否胜任拟提拔的岗位，定期审核高潜质人才，从而确定能够迎接未来挑战的精英，为银行创造最大价值。

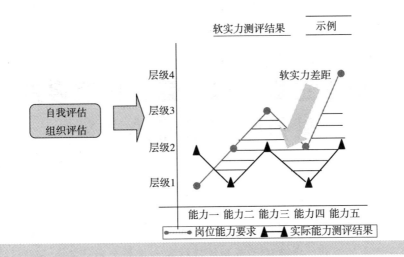

图 12.5 "核心岗位软实力测评系统"在培训中的应用

资料来源：商业银行核心岗位软实力模型研究课题组。

图 12.6 "核心岗位软实力测评系统"在后备人才选拔中的应用

第十三章　未来篇：经营客户就是管理自己的未来

　　本章提要　客户经理制的推行是现代商业银行在金融管理制度上的创新和经营理念的提升，也是现代商业银行对客户提供金融产品和金融服务方式的重大变革，客户经理制为银行业务经营注入新的活力，它必将成为商业银行赢得市场竞争的重要法宝。顾名思义，客户经理的核心在于客户。对于对公客户经理来说，经营好客户就是管理自己的未来。本章节选了著名银行家、中国工商银行总行前副行长张衢博士的文章（《掀起银行的盖头——经营随笔之十四（客户集）》，载《现代商业银行》，2007（8））, 帮助银行对公客户经理更好地理解客户，以便更好地经营自己的职业生涯，同时为银行带来更好的绩效！

掀起银行的盖头——经营随笔之十四（客户集）

根基篇　经营的竞争的都是客户

　　当我们走进市场的时候，更体察到市场参与者彼此之间都是相关的客户，下游是上游的客户、消费者是生产流通的客户、居民是服务业的客户，可谓我为人人、人人为我。

　　如果说银行在忙业务，在拓展市场，那只是单纯业务的观点，说得并不完整；如果说银行在为客户服务，在维护客户关系，那才是市场经营的观点，说到了位。业务多了少了变化了，其实是客户关系远了近了变动了。客户是经营之本，以客户为中心不是一句空话，而是市场指南，它至少指明两层道理；第一，对经营者来说，客户和客户关系比什么都重要；第二，市场竞争就是竞争客户。

业务如庄稼，客户如土地，谁不羡慕别人的那块良田？可哪块良田不是农夫多年精耕细作出来的？好银行最大的财富是拥有一个优质客户群，像农夫拥有一片沃土，它来自多年精心的培育和辛勤的积累。维护好客户是银行的本能，更是本事，一部银行的成长史同样见证着一部客户交往史，记录着银行与每一个客户的关系。在时间的流逝中，随着经营的兴衰或人员的调整变动，客户关系始终传承着，也在亲亲疏疏地变化着，唯有不变的是银行对好客户的百般依赖，提供着来自心底的真诚服务，当然也有不得已的顺从。银行对越好的客户越是重视，配备有最优秀的客户经理，甚至高管们频频出马，一切工作可以为之让道，哪个行长都能如数家珍般道出本行的一批优质大客户，这些客户像信徒心中的佛祖至高无上，银行无不全心全意地去维护，若员工轻率怠慢坏了事，他定声色并怒去问责，并急忙堆着笑脸去修补关系。每当重要客户关系发生变更，会有多少人心急如焚，寝食不香。有的机构随一些大客户而设立，更是命根子，与客户兴衰与共，命运相依，日日祈祷着客户的平安兴旺。

人们都清楚，做一样的业务，不同人有不同的目的，有不一样的心态。服务是否优质，员工是否优秀，界限在于心中有没有客户——这是一道心灵的鸿沟，也是思想的天堑。跨越了才有市场的魂灵，才算懂得了经营，否则只能在市场外徘徊。"以客户为中心"是经商之道，非深奥之言，人皆能读之，不在识别，在于意境，读懂了你才有市场的灵性，但能读懂的人却并不多。更多的人一辈子都没有搞懂，以为天天在做业务，业务就是中心，考核指标更是中心，领导最是中心，心目中完全没有具体的客户，缺少客户的体验，感受不到业务所代表的客户基本利益，因而当然格格不入，始终过不了经营关，总是做不好业务。

经营银行的基本要点是经营客户，没有客户，还有什么？如同无米之炊；没有客户关系，还靠什么？如同孤掌难鸣，银行一边在经营业务，一边要维护好客户关系，盯住你的客户，服务他、关爱他、培育他、管理他、谋求其充分的信任，当客户饱尝银行的关爱，岂有不忠诚之理？客户虽不擅长金融，却清楚自身的利益所在，更谋求自身利益所得。谁都会货比三家，谁个好谁个差，比较自有鉴别，无须听你吹嘘。倘若你不珍惜以往的关系，不抓好增进友情的机会，他便会无声无息地走人，脚印回答着一串问号和感叹。留着青山在，不怕没柴烧，客户一走，便一事无成。

　　客户关系处在竞争环境中，市场造就了银行竞争客户、客户竞争银行的场景，让银行不能停滞，只能进取，既有进攻，也有设防；既有银行的意愿，也有客户的动机；既有主观的谋划，也有环境的驱使，竞争把银行与客户、银行与银行、客户与客户的关系演绎得惟妙惟肖，市场用无形的手法戏弄所有的银行，却维护着"客户至上"的名言，在于激发出银行的活力和动力，让银行家显露才华和业绩。

　　好银行并不稀缺资金，却总盘算着调整客户，表面上竞争着业务，骨子里却在争夺客户，不是眼红几个瓜，而是谋取一块田，好客户总是被争夺的，谁都想得到它，争夺最为激烈。银行各有所长，也就各使高招，即使对普通客户也不轻言放弃，有吃肉的就有啃骨头的，总有几家银行在抢，作为保持业务的均衡并分摊经营成本的需要，市场就这样始终平静不下来。每个做市场的人都清楚，失去一两笔业务不算什么，而客户关系产生裂纹却令人担心顾虑，增添好客户如同锦上添花，引来士气倍增，业务兴旺；而好客户流失如同釜底抽薪，不仅是往后业务的终结，更让多年来投入于客户关系中耗费的成本与心血付之于流水，既有经营的损失，更留下心理的阴影和压力，客户流失起因于营销失误或竞争失利，要么是客户找到更适合他的银行，要么是银行竞争力的弱化败于同业强有力的竞争，除了特殊原因之外，终究都是银行客户关系的失败。

　　当我们走进市场的时代，更体察到市场参与者彼此之间都是相关的客户，下游是上游的客户，消费者是生产流通的客户，居民是服务业的客户，可谓我为人人，人人为我。千万别埋头在业务里动脑筋，千万要放眼在客户上下工夫，让产品带上更浓厚的客户特色，让创新引得客户千般的青睐，让银行成为客户可信赖的中介。业务与客户不是两张皮，而是肉与灵，业务靠客户去发展，客户靠用心灵去沟通。

　　当代最著名的管理大师彼得·德鲁克有一句名言："对企业来说，创造客户比创造利润更重要。"始终关注你的客户，了解你的客户吧，那才是银行强大的根基。

关系篇　永远至上的客户关系

　　市场常变弄着戏法，它总是一边淘汰着劣质企业，令其死亡；一边也折磨未来的优秀企业，育其成长。

　　那些最好的客户经理是充满激情，特别擅长客户关系，小心翼翼地关照着每一位重要客户。客户关系的学问，绝不是管理的教条，而是活生生的市场心理学，它把许多复杂的市场关系落脚到人际关系，它揭示了人际关系的重要性，哪怕法人间的关系也得由人来牵手，而情感和利益总能敲得开人际关系的大门，客户关系是全方位的，最重要、最基础的内核是财务关系，客户贡献度理所当然地成为银行的首选；客户关系在不断交往中紧密，在不断开发中提高附加值；客户关系更需要培育，取决于发展并顾及未来，需要容忍和战略眼光。

　　哪家银行都梦想着构造自己的客户群，始终为之奋斗着。这个客户群平台，既表明银行经营是否具有特色，也展示其经营基础是否扎实，它始终是动态的，追赶着市场变幻着结构，力求把最优秀的客户网罗其中，银行家善待客户，信奉客户至上，精心织补着客户关系。银行的客户关系管理策略大体分为四类：一是力求与最优质客户形成紧密的合作同盟，努力承揽其所有的业务；二是力求保持基本客户群关系的稳定，获取其大部分业务，减少流失；三是竞争他行的客户，试图插进去，发展更深层的关系，希望做大业务；四是不往来，有不熟悉未交往的，也有主动清退的。各种的客户关系取决于不同的客户群，是银行在经营过程中逐步形成的。

　　市场是利益场，自然分出对手、朋友。你无牵挂客户之心，何来客户报答之念？知己知彼、互惠互利，这是商业关系的普遍法则，生意场上若缺失互信关系，则经营危机四伏，成本高企。市场运作风险悠悠，同行对手、隔行结友，人们寻找诚信，图谋合作共赢。"客户至上"说的是客户关系至要，图的是增进重要客户的友情，不仅是维系和获取收益，也要更多成本的投入和付出。客户关系最为深奥多变，绝无完美理想的客户，重要客户对利益更为计较，银行只能更谨慎、更容忍，以便优质的服务与创新去维护客户关系。

　　通常的银客关系看似平淡，仍不乏激流、险滩和旋涡，不时乏起波澜。在融资关系上彼此间是设防的、利己的，银行警觉客户的风险，客户警觉银行的政策。客户好端端为何多头开户呢？国有银行依旧是政策调控、原则如山，政策面前不认情；客户自然心有余悸，提防着善变的银行，免得在一棵树上吊死。也有的企业挑动银行竞争从中渔利，脚踏两只船，得以降低融资成本，银行稍有不慎就得罪客户，多走一步又伤及利益，慢走一步则流失业务，导出了客户关系之艰难。银行总是在点头哈腰中赚钱，在进退两难中谋策略，不再妄想权力的利润，只思索着壮大自己的优势，善待客户，吸引客户、赢得客户。

保持着接触，维持好通道，发展着关系，伺机进一步——这是银行竞争新客户的方式，有业务联系就有机会进入，有交往才会相互磨合熟悉，有服务才有展示优势的机会，一切向扩大业务量行进。请记住，当门外有一个替补者的时候，客户对原开户银行的态度常会发生微妙的变化，变得挑剔难伺候——这种矛盾的激化向来都是引发客户跳槽的诱因，一旦脱离，就难回头，尤其当客户内部发生人事变动时，从来都是改变银客关系的极好机会。因此，竞争一些重要客户时，银行要有耐心，更要高层出马，伺机猎取。

银行别轻易说"不"，不交往是一种消极的选择，世界之精彩，在于每天都在新生，每天都在成长，每天都在进化，每天都在扬弃。生客会变成熟客，小客会变成大客，牵手跟进市场，敞怀拥抱世界，到处有好客好机会，消极不是银行家的性格。每个经营者都渴望着新事物，渴望走出去，因此，每当我到基层网点调研时常会问：周围300米半径内有多少家企业？许多机构如果"兔子不吃窝边草"，对近邻不曾相识，不营销，不了解，不往来，可悲地固守着原有的客户，这样的机构很难有出息。

许多著名公司的创始人都忘不了与银行的交往史，谁有恩、谁无义自有心账，当初由银行捏着命根。最不能饶恕的是那些短视银行凶煞逼债的嘴脸，最感动上心的也是银行一如既往的扶植，值得银行引以教训的是，哪怕是对待信贷退出的客户，绝不要使用鲁莽野蛮的方式——经营政策应辅之经营策略，不管措施何等严厉，言辞绝不过激，别伤了人情。市场常变弄着戏法，它总是一边淘汰着劣质企业，令其死亡；一边也折磨未来的优秀企业，育其成长。别把人看死，更别说绝话，今天不行不是今后不行，应该盼望客户时来运转，留条后路留有余地，银客关系不只是信贷关系，毕竟贷款户只有极少数，关上信贷之窗，其他业务大门照常敞开，种种业务尽可营销，多少赚钱的渠道和机会都在往来之中，可别抱怨客户忘恩负义，也别抱怨客户挑三拣四，最重要的是：是否具有客户离不开的产品，是否具有客户舍不得的服务，这才是银行赢得客户关系的核心竞争力。

好客户磨炼你的品性，提高修养，解读着服务之深邃；次客户考验你的精明，控制成本，让服务生成价值；潜在客户审视你的眼光，深谋远虑，懂得服务之大计。客户培育你的智慧。服务业是依赖关系的行业，客户关系至上，一切为着经营目标。

开发篇 经营好中低端客户

我总觉得他们是一座金矿，亟待关爱和开发，而不能嫌弃，大银行与他们有着相通的血脉气息，亿万人的信任是上天赐福的优势，千万别有眼不识泰山。

当我们同亿万名客户一起，随着共和国的历史走过来，谁都从心底里把国有银行当做自己的银行，是一个再也熟悉不过的邻居，像进出家门般毫无拘束，许多人从年轻时第一次存钱开始，一辈子的金融活动都在一家银行，直到退休，仍把这里当成了老友们邻薪时的聚会点。正像工商银行的广告词"你身边的银行，可信赖的银行"，银行成了他们生活中不可分离的一部分。而多少年来，国有银行在漫长的历史中，吮吸着人民深重的气息和关爱，一直把为人民服务作为最高的宗旨。

如今银行上市转型了，市场竞争无情地把客户划分成三六九等。当银行忘情地牵起高端客户的手，像恋人般欢快地跳起舞来的时候，可千万不能漠视大量普通客户存在，更不要冷落他们的需求。管理学家用二八定律把20%的优质客户捧上了天，可谁曾想过，当80%的客户弃银行而去时，那可是银行的倒闭之日，八成普通客户绝不是陪衬，而是并存者，就像坐在低价票席上的观众一样，中低端观众决定着整个赛事的辉煌和商业价值。

在银行，同样是这些中低端客户成就了经营规模，均衡着业务量，其广泛的社会基础关联着众多社会性中介业务。财务官们应当很清楚，对这个群体不能孤立地算计单个客户的贡献率，若任何一项收益乘以1亿元，都将成为天量的数字，关键在于创造出适合的产品，银行不可忽视更不能鄙视中低端客户，否则就会误入经营的歧途而迷失方向，引发内外的不安宁，更会玷

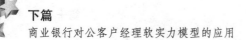
污自己的名声；重要的是开发经营这些客户，为他们量身定做打造适合的产品和服务，如同对待高端客户一样。

是啊，当孟加拉国尤努斯的"穷人银行"成功被授予诺贝尔和平奖时，给银行最大的启示是，市场经济一样能够做到社会效益与经营业绩的统一，一切取决于银行家的思想境界与创造。何况中国的亿万名客户并非贫穷，都是有积蓄有保障的居民——是实实在在的劳动者，致富的理想正引导着他们向共同富裕迅跑，无非是在与更富裕者的对比之中，他们贡献率较低。时代提交给银行家一个严峻的课题，在社会转型期，银行如何做好各类客户的分层服务？个性化服务绝不是给高端优质户的专利，银行理应创造出各类产品适合不同层次客户的需要，理应采用更现代更便宜的方式和金融工具分流柜台业务，让客户改变旧习惯，适应现代化。这才是新路。

银行家不该近视眼，更不要急功近利，而应当把握趋势放眼未来。当前更重要的是培育客户，哪个优质客户不是从小成长大的？亿万名普通客户是一个成长性的客户群，随着经济的发展定会分化出众多未来的优质客户。不少银行曾有过蔑视小客户的历史疤痕，许多名不见经传的小人物会成为了不起的大客户，与其那时厚着脸皮贴上去认错，不如从眼下做起，精心地培育潜在客户群。当然这是个精耕细作的过程，需要眼光，更要可行的措施。

哪块戈壁沙漠都有绿洲，或许还有油田，有客户就要经营，经营得如何则体现银行家的水平，怎能因客户多而忧心忡忡？庸人自扰。中低端客户的业务特征是什么？正是数量大，他们是维系社会基本服务业状况的群体，牵连着水电、电信、文教、医疗等公众服务业和这些行业中最重要的大客户，关联着银行的基础业务。银行不能以理财业务的尺度贬低他们，而要以传统业务的内涵来开发他们。若心中缺少情感的纽带，就难以激起产品的灵感；若创造不出他们喜爱的产品，就如同没有播种又岂能收获？我总觉得他们是一座金矿，亟待关爱和开发，而不能嫌弃，大银行与他们有着相通的血脉气息，亿万人的信任是上天赐福的优势，千万别有眼不识泰山。

旧时的老路不通向新目标，旧时的经营延续着广种薄收，如同在荒滩下开垦又放牧，啃食着不毛之地，破坏了生态，牧民却贫困。面对业务量众多的中低端客户，重要的是推进渠道分流、设备分流和创新分类的产品，这是基本的经营要领。体验他们的需求，感受他们的意愿，唱着他们的心歌，就能踏出一条新路，切莫心在云雾中。

人民期望并托付于我们，银行家不能辜负厚望，既然与亿万名客户的命运相连，就得思其所想，投其所好，经营好亿万人民信任的家园。其实，这个客户群真的很不错，谁不羡慕四大银行拥有着庞大的客户群？这本身就是财富，可要珍惜，别轻信那些吃不到葡萄说葡萄酸的论调。

区分篇　鉴别客户和顾客

区分顾客的用意并不是嫌弃顾客，而是学会善待顾客。顾客总在变化、今天的顾客或许是明天的客户、这家银行的顾客或许是那家银行的客户，在这个意义上说，客户与顾客的边界是模糊的。

说实话，以往我对客户与顾客的不同称呼并不在意，只当做客户是银行的、顾客是商店的叫法，来的都是客，都是上帝，都得服务好，当时代越来越转向买方市场，竞争从推销业务日益演变为争夺客户的时候，银行开始审视自己的客户战略，注意起客户结构来——仅仅是这五年中发生的变化。

可当眼睛向内搜索起客户的时候，却感受到原本的客户战略和结构是那样混沌不清，不可执行，既缺乏清晰的客户战略框架，又未形成钢筋混凝土般坚实的核心客户群，亿万名客户只是像沙石堆积成的一座风化的大山。客户界面不清，真金混杂在泥土中失去了光泽，银行缺少客户偏好的指向，没有筛选归集的措施，更无提取使用的工具，海量客户面前束手无策。以往传承的服务价值观已经过的，只散发着一点人与人之间道德的关爱，无差异的服务貌似公平却不公平——不同客户对银行的贡献度不同，或者说银行对不同客户的服务成本不同，优质客户却未能获得更优的服务，当然不符合等价交换的市场规则。尤其竞争的重点转向高端客户的时候，大银行急不可待，真正意识到了事态之严重：竞争对方是精确制导，自己还在搞人海战略。

商界都崇尚"客户是上帝"，问题在于弄清哪些是客户或客户是谁。难道走进银行的亿万名客户都是上帝？不，那又回到过去的混沌粗放，无规则地粗糙待客。都是上帝也就没了上帝，谁还会在乎上帝的神圣？只有找到真正的客户，才能像上帝般地敬重他们。

仍需回首历史，寻解客户在银行称谓的演变，记得 20 世纪 70 年代我刚进银行时，那时的银行并无客户之称。银行的两大类业务，一类是储蓄，称呼居民存款人为储户；另一类是信贷、结算，称呼企业为贷款户、结算户，都是以账户来称谓的。就银行的商业思想而言，宗旨是为顾客服务，顾客至上，由于当时的银行履行着相当重要的政府监管职能，对被监管人自然难称其为客户，在顾客心中银行才是上帝。后来改称为客户，只是银行走上商业化这十几年的事，或许说，从顾客到客户称谓的变化，包含着市场的因素，人们可从这一变化的启示中感受到银行转型的轨迹。

客户（Client）与顾客（Customer），中文一字之差，可西方的词义却区别甚深。一般来说，专业服务——包括律师、会计师、广告代理、管理咨询等的对象，被称做客户；而普通的商品和服务的对象，被称为顾客。权威的Merriam – Webster词典对"客户"的第一个释义是"在另一个人保护之下的人"，对"顾客"的第一个释义是"购买一种商品和服务的人"。两者定义的本质不同，差异在：你跟客户的关系，是你照料和保护他的利益，而你与顾客的关系，只是你把服务或产品卖给了他。显然，客户关系比顾客关系更深厚、更紧密。虽是顾客，但若与之建立起长期合作、信任关系，顾客就变成了客户；虽是客户，但若不精心经营，客户也仅是或被埋没成为过往的顾客，两者会相互转化。

客户与顾客不同，核心是商业价值不同，用这把钥匙，似乎能打开银行客户关系管理中的许多疑惑，不但提供了区分客户的依据，而且清晰了客户战略，商家的目标当然志在客户，从顾客群中寻找自己的客户群。

不必刻意去改变银行对客户的统称，但应懂得，在银行客户中包含着客户和顾客两类群体。银客关系多种多样，有一类属于办理简单产品或服务的，他们只是一般性的需要银行，仅为缴费、取工资、存一笔钱、、汇一次款等，匆匆过客偶尔往来，别无需求，银客关系紧密不起来，银行在服务中并无得到更多利益，或许会赔本。这当然是顾客，占到大多数的比例。另一类在银行有着多种复杂的业务，如开了多种存款、结算、理财户，有的整个经营体系都连接着银行，与银行结成长期紧密的往来关系，有的贷款客户风险牵连。往来之中，银行主动牵手营销，客户积极依附银行，银行间相互吸引，充满信任合作，充满互动互惠。这当然是真正的客户、重要的客户、基础性客户也最令银行关注。对经营者而言，区分客户与顾客是再本能不过了，自然对客户有客户的战略，对顾客有顾客的战略，若不作区分，尽管拥有巨大数量的客户，却鱼目混珠难以显现客户的价值，只会忙于来去匆匆的顾客，做个糊涂的经营者。

客户比顾客更少，客户在顾客之中，从顾客中找到客户，培育客户是经营的要点。每个企图立足市场的经营者都在苦下工夫，如航空公司的常旅客计划，商店、超市的会员制等，都采取优惠措施来吸引客户，着力于建立高端客户群。国际大银行都依仗其长期的经营，成功构造起了客户群，而我们才刚刚起步，因为中国经济正处在从人均 GDP 1000 美元到 3000 美元的提升阶段，客户与顾客开始在富裕中分化，银行内部从体制到技术，从标准到办法都尚在应变转型之中，企图摸索着尽早走出朦胧。这样的情势，预示着先行、后进者之间正酝酿着并挑起了客户争夺大战，先行者一边稳定着自家的客户，一边挖着别人的墙脚，特别是新银行，外资银行本身就是猎取者，让后进者手忙脚乱。但大银行总有其后发优势，尽管它们起身慢了，一旦迈步就有巨大的能量。

区分顾客的用意并不是嫌弃顾客，而是学会善待顾客。顾客总在变化，今天的顾客或许是明天的客户，这家银行的顾客或许是那家银行的客户，在这个意义上说，客户与顾客的边界是模糊的。银行离不开顾客，经营者都有着同样的竞争思维逻辑：守着最好的，稳住其次的，想着潜在的，盯着别人的。从经营顾客做起，不断地耕耘顾客，让顾客成为客户，更好更多更强。

始终注视着客户吧！那才是真正的上帝。

应变篇 跟进客户的变化

历史告诉我们，贫穷未能建立起市场的银行和机制，唯有客户们更加富裕，银行才有更为广阔的空间，才能造就真正强大的商业银行；唯有客户需求层次更高，银行家才有用武之地，才能造就新一代银行家，在这个意义上说，银行家更希望客户富裕起来。

成长性的市场是最滋养财富，最滋润人民的美容师。财富赛过最好的化妆品，把美丽挂在了容貌上，让心灵洋溢起幸福的欢乐，富裕改变了人们的生活质量，更改变了财富主人的价值观，带来了银行客户的巨大变化，银行具有观察社会最独特的视角，因为它是人们财富收支的簿记。

财富提升了人们的社会地位，更决定了经济地位，他们开始介入到更多

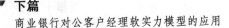

的经济活动中去，与银行的关系也随之发生着改变。20 世纪 90 年代以前，人们除了储蓄以外没有更多的金融资产，而今的金融资产丰富了起来，在权利和增值意识下，不再当银行是储蓄罐，人们开始认识银行、需要银行、利用银行，从服从银行转变为支配银行，用以更好地管理运作自己的财富，他们以不同的身份跨进银行，与银行的交往变得复杂起来，他们办理存款、贷款及汇兑，构成信用结算关系；他们缴纳电信费、水电费、房租、煤气费等，构成委托关系；他们买卖债券、保险、基金、外币，构成代理交易关系。显然，对银行来说，个人具有了存款人、借款人、委托人、投资人、交易者，以及业主、基民、股民等多种称呼，从尊称储户变成客户，一字之差，却是银行一个时代的跨越。柜员可得注意了，说不定什么时候站在你面前的就是一位百万富翁。

金融意识转变滋生着金融需求，富裕客户要求服务更优，普通客户希望服务不降，银客关系在互选中调整，利益成为主要的驱动力和标准。在财富驱使下，客户挑拣起满足自己生活方式的银行，或适合自己的产品与服务。客户选银行挑剔着银行服务，银行选客户也冲击着客户既得利益。当市场价值规律发挥作用时，客户的分化和银行的分化便进入互动之中，既创造了无数市场的机会，也增添了许多复杂的经营成分，带给中国银行业空前的活力和繁荣，都说客户不忠诚，其实是人们未看透，客户就像小孩那样简单——看谁对他好。银行留住客户，更依赖服务质量和效率，靠创新带给他们利益，凭感情、靠关系的日子长不了，客户在流动，他们到处开户，没有一家银行不感到后院起火的危机，或许刚刚为争得一个好客户而举杯欣喜时，又在为老客户的倒戈流失而沮丧。客大欺商，强势企业总在挑动银行间竞争中压减融资成本，银行忐忑不安地面对着强势客户的选择，到处呈现出买方市场的情景。

客户们理财意识增强，希望获得一站式便捷的金融服务，获取丰富的金融信息，并掌握电子化自助渠道，他们更加关注银行服务的内涵，开始挑剔起银行的产品、信息、工具和服务功能。人们活期存款的比重显著提高，活期账户成为财富管理的运作平台，在购房、证券、基金、债券、外汇买卖中频繁地调度资金，结果冷淡了银行其他各类存款，带热了各类理财品种、信用工具和服务功能，也使那些短期融资、结构性理财产品得到热销。中国的客户还依赖着银行机构，但富裕户不情愿光顾小而拥挤的网点，宁愿多走些路到具有停车环境的大银行机构，或换一家银行去办理业务，这使得银行更加重视机构网点功能设置和业务分流。人们的信贷意识增强，绝非穷人才需要贷款，富裕客户贷款更多、金融更大，需求更旺盛，激起了银行开发这块丰硕领地的激情和欲望，法人客户的规模、数量、融资方式也都在变化，企业的经营规模在迅速地扩大，二十年前银行少有千万元贷款大户，十年前亿元贷款户多起来，如今 10 亿元贷款户已十分普遍，据有关部门统计，2006 年末 19 家银行共有 1 亿元以上贷款大客户 20341 家，平均贷款余额达 4.57 亿元，中小企业如火如荼地成长，各种股份制企业数量在激增，跨区域、跨省市、跨国界经营成为普遍的企业行为。

银行怎会不受到这些客户变化的感染呢？到处是生机勃勃的发展，到处是层出不穷的新需求，面对着不同层次的客户，银行该是如鱼得水，左右逢源，银行更应是善舞者，随机应变，伴客起舞，保持步调的一致，尽力地调整自己的经营模式，去适应客户，先行者总能赢得客户的青睐喝彩，若哪家银行不因势利导，必招致怨声四起，时间一久，客户急不可耐，甚至移户他行，而客户的流失正是银行的心病，当然是落伍了。

国力日积月累，面貌日新月异，客户扬起了财富的鞭子，催促着银行改革奋进。一切都是财富造的福，一切都是财富惹的事，面对着走向富裕的人们，银行乐着、变着、创新着、伴随着、跟进着。历史告诉我们，贫穷未能建立起市场的银行和机制，唯有客户们更加富裕，银行才有更为广阔的空间，才能造就真正强大的商业银行；唯有客户需求层次更高，银行家才有用武之地，才能造就新一代银行家，在这个意义上说，银行家更希望客户富裕起来。

分类篇　大户、小户、优户、劣户

小户是砂土，大户是石头，和起来夯成坚实的大坝。若光有石头没有砂土，或光有砂土缺少石头，都难以抵挡冲击。大小户各有优劣，尽管人们都喜欢大户，却更离不开互补。

什么叫大户？什么叫小户？至今难找到确切定义，只是业界专业的俗称。各机构、各专业都自有标准，客户大小大体是按客户带给银行的业务量或财务收益区分的，取决于银行业务性质和产品，也取决于经营的风险偏好和财务控制。零售客户大吗？有大的，百千万元的存款者不乏其人，甚至还有亿万富翁，可他们在对公大客户面前又即刻沦为小户；集团母公司是大客户，其子公司或许是小户；在这家银行是大户，在那家银行或许是小户；在此地银行是大户，在彼地银行或许是小户；在中国被称为大户，到国际上或许只能算个小户。在成长性市场中，如今的小户也已经不小，大银行把 1000 万元以下的贷款户划为小户，其余的称为小小户，也令十年前的标准为之咋舌。

许多人以为大银行只为大户们服务，其实不然，大银行更多是为中小客户服务的。天下大户本来就不多，摊在各家银行就更少了，只做大户必定会使银行业务不足，生计难以维持，开销难以分摊，我曾在一次民营企业座谈会中说过，工商银行虽是最大的银行，却与小客户生息相关，它 95% 以上的客户都是小客户，90% 以上的机构都在做小客户业务。谁敢忽视小客户，谁准是个书呆子，不懂银行。有的机构有大户，只是沾上区位或功能的运气而已，并不意味着就可忽视中小户，否则必定乱了经营风气。当然小户也有优劣之分，银行需要的是活户、优户、有效户，绝不是死户、劣户、无效户。

银行之大小无非是中小客户之多少，中小户是基本客户，断了小的等于断了大多数网点机构存在的必要性。有人嫌弃 80% 的个人客户太小，抱怨他们只占 20% 的存款，我说别只会看数字，假如有一天这 80% 的客户销户而去，那会是何等凄惨的景象啊？这家银行 80% 的网点都将关门走人，况且当你失去了众多客户资源的时候，大户们还能留得住吗？

货币流通中，大户小户户户关联，使银行这个货币经营中介商机多多，处处生财。从无独处的大户，也无孤独的小户，他们千丝万缕紧相连，谁也离不开谁。哪家银行拥有更多的居民户，哪家大企业就越与之套近乎。上下游客户构成了产业链，大小客户聚集组成了群落，小傍着大，大带着小，在相互往来中发生着大量的银行业务，哪家银行都会一把抓，很难挑肥拣瘦，大小银行就寄生在这条产业链、物流链、客户链上，充当着服务中介，谋求多得一杯羹。

银行业务难分大小，许多业务收益取决于笔数而不在于金额，例如汇款5000 元与 50 万元都收费 50 元，小户数量大，集成大收益，中小客户构成了中间业务的主体市场，而对大户的收费却常被优惠减免。大户贷款的收益率也同样不如小户贷款高，东部的浙江民营经济发达，众多中小企业贷款创造了银行领先全国的贷款收益率，而中西部大项目、大企业贷款却压低了银行的利差收益。这些谁不清楚？"没有金刚钻不揽瓷器活"，无非是做小更难，风险更大，获取那块高收益更不易。

能从小户中赚大钱的银行，才是内控有序，经营有方，真正能掌控风险与成本的银行，国际大银行都是如此。2004 年花旗银行 170 亿美元的总收入中，零售业务和私人银行业务占 76.3%，达 130 亿美元，汇丰控股的个人金融服务，消费金融和私人银行业务利润贡献也占到 60% 以上。而中国的大银行个人业务收入约占 30%，这正道出了中外银行的真实差异。

我欣赏大户，却从不低估小户，总把中小户作为基础平台而未敢忽视。小户是砂土，大户是石头，和起来夯成坚实的大坝。若光有石头没有砂土，或光有砂土缺少石头，都难以抵挡冲击。待大户如同跳探戈，中小户好比华尔兹，大户让你来时兴奋去时愁，波动得叫银行又喜又恼，唯有中小户的稳定心里方才踏实，大而优的客户难伺候，大而劣的客户拖人下水；小户如散沙，麻烦，风险又难管，但乘以百万元、千万元、亿万元便汇成诱人的大数，岂能不耕耘？唯有大、中、小户合理调配，方能构建银行稳定的业务量和多种收益。

依据商业的眼光，重要的不是选择客户之规模，而是品质之优劣与贡献率，银行更关注客户的利润，现金流量以及风险状况，细分客户，不乏有大而优、中而优、小而优的，那才是银行梦寐以求的真金白银。大小取决于目标客户群定位及财务偏好，优劣才是风险绩效实质，客户贡献率不正是经营所追求的吗？

把优户当做自留地来经营，把中小户当做粮田来耕作，对贫户多尽社会责任和义务。每个银行机构都应培育自己的特征客户群，数量、优劣、特色和结构体现出经营者的智慧和能力，不去盲目追逐大户，不要简单驱逐小客，善于在耕耘中集聚优质户，这理应是经营者的本能。

有感篇 对经营小户的思考

银行愧对小户，历来只能汲取而未反哺，汇集无数资金去供养大户，视小户为筹资的对象，当做生蛋的鸡，却无信贷的思考。

感触之一，从江湖驶入海洋。

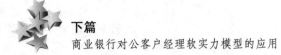

　　大户如湖，水面平静，难得有浪花。银行做大户风险小，成本低，一个30亿～50亿元的项目，比一万个30万～50万元小贷款当然更省心易行，这正是抢大户的动机吧！但大户太少，垒大户会聚集起风险，在大客户面前银行缺乏议价能力，很自卑、很无奈、很心疼，银行怕得罪大户，更怕不守信的，怕半死不活的，怕官商……这些都是大户习性的后遗症。

　　小户汇成海洋，大海变化莫测，时而风平浪静，时而汹涌澎湃，但那是勇敢者的乐园，国际大银行都在冲浪，而我们岂能守着湖光山色自赏，不去挑战大海？小户贷款收益高，难在横亘着一道高企的财务与风险成本。时代召唤着银行跨越过去，尽快地提升管理技能，培育专业人才，这正是中国信贷市场的转型。

　　千千万万的小户构成资金寻求者的海洋，旧时的银行未能放开小户信贷市场，留下种种后患，当今的银行已经融入浩浩荡荡的市场之中，人们在期待：中国银行业的大船能平安地从江湖驶入海洋吗？容忍失误，避免浮躁，脚踏实地经营，几家重型银行已启动了首航。

　　感触之二：小户信贷一定要成功。

　　当中小企业如火如荼，百姓消费贷款需求日趋旺盛，国家政策倾斜这个领域的时候，银行才真正意识到自身的那部分管理体系残缺不全，又缺乏经验能力和经营人才。从爆料的多起假按揭、假购车案例中，谁都无法想象银行是那样的苍白无力，无知无能，低级的失误让世人指笑。这个在西方银行被认为是最大的盈利领域，中国的银行在21世纪方开始学步。

　　20世纪90年代，银行曾几次试图开启小客户信贷，但损兵折将，败下阵来，留下一堆不良贷款。直到2003年至2004年新一轮消费信贷和汽车贷款兴起时，许多银行又跌了跤，刹了车，其实，探索中跌跤算什么！初期的失误未必可怕，止步不前才是失败，更何况不良贷款数量有限，远不及大户贷款损失的零头。风险并不形成于客户的规模，而是取决于经营水平，对照国家同行，银行全无歧视小户的理由。

　　银行愧对小户，历来只有汲取而未反哺，汇集无数资金去供养大户，视小户为筹资的对象，当做生蛋的鸡，却无信贷的思考，不作为总是弱者，敢进取方能逞强。倘若十几年前银行坚持走扶持小户之路，不断提高风险管理水准，像国际银行那样极大地提高小户贷款比重，那么，今天的人们也许会更富裕，今天的经济也许更多彩，今天的银行竞争力也许更强大。

感触之三：别再折腾信贷小户。

面对新兴的小户信贷市场，银行缺失的主要是制度和经验，中国的银行有为国企筹资的本事，却无个贷，小户信贷的成熟办法和能力。显然，拿大象的标准去套蚂蚁，总能说蚂蚁的指标不健康，银行从流程、权限、内控、组织、机制、管理到考核都对不上号。

一位二级分行行长告诉我，多次信贷政策反复变动，把几年间培育的重要小客户吓跑了，是啊，政策对国企的折腾损失在国家的大锅里，小企业可经不起银行的折腾，一次受惊，二次害怕，只得无奈地告辞，去了政策更稳定的银行，待你过后再上门去解释，人们还能再相信吗？间息式信贷是病态的经营政策，无法构建稳定的客户群。唯有持续稳定政策下不断地淘沙，才积累起金子般的小客户。

做小户贷款，关键是做成有规模的客户群。好客户筛选积累不易，多年的工夫才养得一群下金蛋的鸡，千万别落得鸡飞蛋打。小户们对政策更敏感，他们可是小本经营，鉴别他们的主要靠信用，可别耍弄行政的手段，折腾小户，就是折腾自己。

感触之四：大小户与管理的影响。

大客户常靠与银行的战略关系形成，更多靠银行的品牌维持；小客户常靠客户关系形成，更多靠熟悉的人际关系维护，后者对客户经理的变动更为敏感，反应通常比前者更大，因此，稳定人员便成为稳定小客户的重要工作内容。

在管理中，大客户只是银行内部极少数人做的事，而中小客户却是多数人的事业，这不得不成为领导者必须思考的管理问题。个别人的事容易处理，但凡涉及许多人的事，在研究决策的时候，同时就要考虑到人，管理者的眼睛盯着大户的时候，总认为大户对经营的影响大，不能怠慢，但也得记住小户，因为那是多数员工、多数机构为之忙碌的对象，若小户做不好，维系小户工作的人自然不愉快。领导者如果能想着这一层，早做好人的工作，就会起到事半功倍的安抚和推动效应。

（本文作者张衡系中国工商银行前副行长）

参 考 文 献

［1］安德鲁·杜伯林.领导艺术［M］.贺平等译.沈阳：辽宁教育出版社，1999.

［2］安鸿章.成功企业的人力资源管理系统［J］.中国人力资源开发，2000（4）：17～19.

［3］安娜蓓尔·碧莱尔.领导与战略规划［M］.赵伟译.北京：机械工业出版社，2000.

［4］柴卫平，沈志红.完善基层商业银行激励机制的建议［J］.新金融，2002（3）：23～25.

［5］陈春霞.行为经济学和行为决策分析：一个综述［J］.经济问题探索，2008（1）.

［6］陈国权，刘春红.团队组织模型：构建中国企业高效团队［M］.上海：上海远东出版社，2003.

［7］陈洪.胜任特征模型在供电企业人力资源管理中的应用研究［D］.北京：华北电力大学，2005.

［8］陈慧.有效领导行为实证研究［J］.北京邮电大学学报：社会科学版，2006（10）.

［9］陈云川，雷轶.胜任素质研究与应用综述及发展趋向［J］.科研管理，2004，25（6）：141～144.

［10］崔毅，殷明.企业人力资源管理评估体系探析［J］.经济师，2001（8）：24～26.

［11］大卫·A.惠顿，金·S.卡梅伦.管理技能开发（第七版）［M］.北京：清华大学出版社，2008.

［12］戴维·D. 杜波依斯，威廉·罗思韦尔．基于胜任力的人力资源管理［M］．于广涛等译．北京：中国人民大学出版社，2006.

［13］方庆来．漫议领导风格［J］．领导艺术，2007（7）.

［14］方永瑞．基于胜任力的人力资源管理模式研究［D］．长春：东北大学，2005.

［15］冯庆，金涌，王奋强．创业激情燃烧在每个招行人心中［J］．深圳特区报（纪念改革开放 30 周年特别报道），2008（2）：A5.

［16］谷靖．广东省银行职员工作——个体匹配对工作倦怠的影响研究［D］．广州：华南师范大学，2006.

［17］韩建立．实施基于胜任力的企业员工培训［J］．今日科技，2003（3）：42~43.

［18］亨利·明茨伯格等．领导［M］．思铭译．北京：中国人民大学出版社，2000.

［19］侯杰泰，温忠麟，成子娟．结构方程模型及其应用［M］．北京：教育科学出版，2004.

［20］胡显勇．GT 在作文评分误差控制中的初步应用［J］．心理科学，1994，17（2）：85~87.

［21］胡晔，黄勋敬．国内上市银行薪酬制度对国有商业银行的启示［J］．广东金融学学院学报，2006（8）：35~39.

［22］黄庆宇．国有商业银行员工职业生涯管理的研究［D］．厦门：厦门大学，2002.

［23］黄勋敬．赢在胜任力——基于胜任力的新型人力资源管理体系［M］．北京：北京邮电大学出版社，2007.

［24］黄勋敬．领导力模型与领导力开发［M］．北京：北京邮电大学出版社，2008.

［25］黄勋敬，李光远，张敏强．商业银行行长胜任力模型研究［J］．金融论坛，2007（7）：3~12.

［26］黄勋敬，张敏强．商业银行行长胜任力模型追踪研究［J］．金融论坛，2008（7）：16~22.

［27］黄勋敬．商业银行行长胜任力测评量表的编制及应用研究［J］.

金融论坛，2009（5）：12～16.

［28］黄勋敬，张敏强．基于胜任力模型的现代商业银行人力资源管理体系分析［J］．管理现代化，2007（1）：7～10.

［29］黄勋敬，胡晔．国有商业银行员工工作倦怠现状及对策实证研究［J］．金融论坛，2007（1）：11～17.

［30］黄勋敬，欧文周．商业银行推行岗位绩效工资制的实践与探索［J］．中国人力资源开发，2006（7）：46～48.

［31］黄勋敬．E时代：人力资源管理的战略革命［J］．IT经理世界，2001（6）：42～44.

［32］江海燕．岗位胜任力评价研究［D］．南京：河海大学，2005.

［33］蒋奖，张西超，许燕．银行职员的工作倦怠与身心健康、工作满意度的探讨［J］．中国心理卫生杂志，2004，18（3）：197～199.

［34］蒋敏．航天系统科研人员胜任力模型探讨——以航天A所科研人员为例［D］．北京：首都经济贸易大学，2004.

［35］焦璨，金悦，吴雷，张敏强，张文怡．中国IT业从业人员非技能胜任素质测评系统的研发报告［J］．心理科学，2008，31（1）：222～226.

［36］库泽斯，波斯纳．领导力［M］．李丽林，杨振东译．北京：电子工业出版社，2004.

［37］李超平，时勘．优势分析在组织行为学研究中的应用［J］．数理统计与管理，2005，24（6）：44～48.

［38］李春，许娜．行为金融学理论的形成发展及研究困难［J］．时代金融，2007（11）.

［39］李莉．胜任能力体系的发展与应用研究［D］．武汉：武汉大学，2003.

［40］李敏．人力资源管理与企业绩效的关系［J］．广东社会科学，1999（5）：54～58.

［41］李明斐，卢小君．胜任素质与胜任素质模型构建方法研究［J］．大连理工大学学报：社会科学版，2004（2）：28～32.

［42］李焱．勇于为中国的金融改革探路［J］．深圳特区报（纪念改革开放30周年特别报道），2008（2）：A5.

［43］李之卢. 胜任力建模研究［J］. 北京理工大学学报：社会科学版，2005（3）：34～35.

［44］梁建春，时勘. 组织的核心胜任素质理论及其人力资源管理［J］. 重庆大学学报：社会科学版，2005，11（4）：15～17.

［45］梁开广，邓婷，许玉林，付亚和. 评价中心法在评价中心管理潜能中的应用及其结构效度检验［J］. 应用心理学，1992，7（4）：50～57.

［46］梁楠. 国有商业银行员工职业生涯管理研究［D］. 重庆：重庆大学，2005.

［47］刘延喜. 关于青年干部提高组织协调能力的思考［J］. 河南税务，2000（4）：10～12.

［48］陆红军. 情景模拟测评法在我国管理干部选拔中的应用研究［J］. 心理科学通讯，1986（2）：43～48.

［49］卢纹岱. SPSS for Windows 统计分析［M］. 北京：电子工业出版社，2002.

［50］罗伯特·H. 罗森，（美）保罗·B. 布朗. 领导的艺术［M］. 天津编译中心组译. 北京：国际文化出版公司，2000.

［51］罗明忠. 商业银行的特点及其人力资源管理的特殊性［J］. 华南金融研究，2003（3）：36～40.

［52］罗明忠. 商业银行人力资源供给与需求及其均衡研究［D］. 广州：暨南大学，2004.

［53］吕国荣. 小故事大管理［M］. 北京：中国经济出版社，2005.

［54］彭逼眉. 胜任力模型及其在人才选拔中的应用［D］. 武汉：武汉大学，2004.

［55］彭剑锋. 人力资源管理概论［M］. 上海：复旦大学出版社，2005.

［56］濮雪镭. 基于技能与能力的薪酬设计研究［D］. 成都：西南财经大学，2006.

［57］任长江. 美国企业的领导力开发实践［J］. 人才资源开发，2004（12）.

［58］史蒂芬·柯维. 高效能人士的七个习惯［M］. 北京：中国青年出版社，2002.

[59] 时勘. 基于胜任特征模型的人力资源开发 [J]. 心理科学进展, 2006, 14 (4): 586~595.

[60] 时勘, 侯彤妹. 关键事件访谈的方法 [J]. 中外管理导报, 2002 (3): 34~55.

[61] 时勘, 李超平. 领导者胜任素质评价的理论与方法 [J]. 人力资源开发, 2001 (5): 33~35.

[62] 时勘, 王继承, 李超平. 企业高层管理者胜任特征模型评价的研究 [J]. 心理学报, 2002, 34 (2): 193~199.

[63] 石真语. 软实力——塑造一流企业必须打造的另一只翅膀 [M]. 北京: 中国电力出版社, 2010.

[64] 史美毅. 评价中心——人事选用的新技术 [J]. 应用心理学, 1986, 3 (2): 15~17.

[65] 舒葶. 商业银行客户经理胜任力的研究 [D]. 重庆: 重庆大学, 2007.

[66] 孙伯灿, 朱鹰, 宋浩, 宋安平. 商业银行人力资源管理中的忠诚问题研究 [J]. 金融研究, 2001 (11): 19~22.

[67] 唐京. 基于胜任力的培训需求分析模式研究 [D]. 杭州: 浙江大学, 2001.

[68] 唐宁玉. 三种心理测量理论的信度观 [J]. 心理科学, 1994, 17 (1): 33~38.

[69] 王重鸣. 管理与人事心理学研究与理论体系的新进展 [J]. 应用心理学, 1988, 3 (4): 1~6.

[70] 王重鸣, 陈民科. 管理胜任素质特征分析: 结构方程模型检验 [J]. 心理科学, 2002, 25 (5): 513~516.

[71] 王继承. 谁能胜任——胜任模型及使用 [M]. 北京: 中国财政经济出版社, 2004.

[72] 王进. 基于胜任力的企业员工培训研究 [D]. 南京: 河海大学, 2006.

[73] 王峻松. IBM 如何打造领导力 [J]. 通信企业管理, 2004 (5).

[74] 王瑞闯. 基于胜任特征的战略人力资源管理研究 [D]. 济南: 山

东大学，2006.

［75］王旭丹．国有商业银行人力资源管理制度存在的问题及对策［J］．财经问题研究，2002（6）：28～29.

［76］王银娣．人才测评在选拔培养建设银行领导人员后备人才中的应用［D］．南京：南京理工大学，2006.

［77］王永丽，时勘．上级反馈对员工行为的影响［J］．心理学报，2003，35（2）：255～260.

［78］温忠麟，邢最智．现代教育与心理统计技术［M］．南京：江苏教育出版社，2001.

［79］温忠麟，侯杰泰，张雷．调节效应与中介效应的比较和应用［J］．心理学报，2005，37（2）：268～274.

［80］伍顿，詹姆森，姚颖，黄沛译．全力以赴：让每一个人激情飞扬［M］．北京：人民邮电出版社，2006.

［81］吴凉凉．企业管理干部职务分析［J］．应用心理学，2003（3）：12～16.

［82］武龙，黄勋敬．商业银行核心员工的留用策略［J］．南方金融，2006（11）：25～27.

［83］吴孟捷．职业营销经理胜任特征模型研究［D］．北京：首都经济贸易大学，2003.

［84］吴明隆. SPSS 统计应用实务［M］．北京：中国铁道出版社，2000.

［85］吴能全，许峰．胜任能力模型设计与应用［M］．广州：广东经济出版社，2006.

［86］夏济宏．新时期工商银行人力资源管理及激励机制变革［J］．金融论坛，2001（2）：43～46.

［87］小罗伯特·G. 海格士多姆．沃伦·巴菲特之路［M］．北京：清华大学出版社，2007.

［88］谢勇．三联集团济南家电商场员工职业生涯管理研究［D］．济南：山东大学，2003.

［89］徐长江．工作倦怠：一个不断扩展的研究领域［J］．心理科学进展，2003，11（6）：680～685.

［90］徐建平．教师胜任力模型与测评研究［D］．北京：北京师范大学，2004．

［91］徐鹏，陈梅春．试论国有商业银行人力资源管理体制的再造［J］．西部论丛，2001（11）：10～13．

［92］严正，翟胜涛，宋争．管理者胜任素质［M］．北京：机械工业出版社，2008．

［93］杨帆．高层管理者胜任力建模案例研究［J］．人类工效学，2005（3）：54～56．

［94］杨国安．动荡环境中的企业转型和领导力开发［DB/OL］．中华管理精粹，http：//www．sba．com．cn/．

［95］杨涛杰．保险行业营销员胜任特征模型构建［D］．开封：河南大学，2007．

［96］杨壮．中国企业家的领导风格特征分析［J］．开封：商务周刊，2007（5）．

［97］余世维．领导商数［M］．北京：北京大学出版社，2005．

［98］约瑟夫·奈．美国霸权的困惑：为什么美国不能独断专行［M］．北京：世界知识出版社，2002．

［99］岳振英．试论商业银行客户导向营销［J］．现代商业，2007（20）：142～144．

［100］曾庆怀．某企业构建宽带薪酬体系案例分析［J］．人才资源开发，2006（6）：39～40．

［101］张崇强，罗平．胜任素质模型的运用分析［J］．商业时代，2004（21）：23～24．

［102］章国华．职业银行家的胜任力要素［J］．浙江金融，2004（1）：31～32．

［103］张蕾．胜任特征模型在人力资源管理中的实践探讨［D］．北京：对外经济贸易大学，2006．

［104］张敏强．教育与心理统计学［M］．北京：人民教育出版社，2002．

［105］张衢．掀起银行的盖头［M］．吉林：吉林科学技术出版

社，2008.

［106］张旭，张爱琴．企业组织发展与员工职业生涯管理［J］．中国人力资源开发，2005（3）：65～67.

［107］张月玲．宽带薪酬制度设计及其应用［J］．现代财经，2006（7）：41～44.

［108］赵海霞，闫景明．企业人力资源管理评价体系及其概念模型［J］．经济师，2003（6）：34～37.

［109］赵辉．中国地方党政领导干部胜任力模型与绩效关系研究［D］．成都：西南交通大学，2007.

［110］赵曙明．我国管理者职业化胜任素质研究［M］．北京：北京大学出版社，2008.

［111］仲理峰，时勘．胜任特征研究的新进展［J］．南开管理评论，2003（2）：26～33.

［112］仲理峰，时勘．家族企业高层管理者胜任特征模型的评价研究［J］．心理学报，2004，36（1）：110～115.

［113］钟尧君．基于胜任力的企业高级管理人员培训体系的构建［J］．嘉兴学院学报，2006（6）：92～95.

［114］邹燕，郭菊娥．行为金融学理论研究体系及展望［J］．宁夏大学学报：人文社会科学版，2007（11）.

［115］常桦．软实力［M］．吉林：吉林出版集团有限责任公司，2011.

［116］约瑟夫·S. 奈．硬实力与软实力［M］．北京：北京大学出版社，2005.

［117］彼得·德鲁克．德鲁克管理经典著作集［M］．王永贵译．北京：机械工业出版社，2005.

［118］彼得·德鲁克．创新与创业家精神［M］．蔡文燕译．北京：机械工业出版社，2007.

［119］庞礴，匡玉梅．论商业银行个人客户经理职业素质的提高［M］．北京：机械工业出版社，2006.

［120］万仁礼，陆恩达，张力克．现代商业银行客户管理［M］．北京：中国金融出版社，2004.

［121］姚军．对商业银行客户经理培养模式的探讨［J］．经营管理者，2011（5）．

［122］吴宗辉，张济华，黄保成，陈越峰，盛明．商业银行客户经理制度建设研究［J］．金融纵横，2010（5）．

［123］赵长青．对加强商业银行客户经理制度的建议［J］．内蒙古科技与经济，2010（13）．

［124］许学军．完善我国商业银行客户经理制的几点思考［J］．金融发展研究，2009（5）．

［125］刘文清，郑红，陈建西．城市商业银行客户经理绩效管理探讨［J］．科学决策，2008（10）．

［126］魏琼．商业银行客户经理薪酬激励研究［J］．科技信息，2009（9）．

［127］曾宇平．银行客户经理综合素质评价模型［J］．科技创业月刊，2009（2）．

［128］严琳．商业银行的"客户经理制"［J］．经营与管理，2009（1）．

［129］宋万君．商业银行实施客户经理制及队伍建设初探［J］．中小企业管理与科技（下旬刊），2010（1）．

［130］章浪潮．借鉴境外商业银行市场营销模式，推行个人客户经理制［J］．中国信用卡，2005（2）．

［131］谢颖．银行客户经理制的缺陷及其完善［J］．上海金融，2005（6）．

［132］孙永健，周顺．中国商业银行客户经理制组织架构的理论分析［J］．理论月刊，2006（2）．

［133］陈岱．我国商业银行推行客户经理制中存在的问题与建议［J］．引进与咨询，2005（2）．

［134］朱国庆．完善营销体系　提高整体素质——农业银行镇江市京江支行加强客户经理队伍建设情况调查［J］．现代金融，2008（1）．

［135］肖华，李志远．国有商业银行客户经理制度存在问题及对策——谈建设银行湖南省分行客户经理制度的完善［J］．现代商业，2009（18）．

［136］乔蕾．论商业银行客户经理制度现状及对策［J］．华章，2010（24）．

［137］陈舜．我国商业银行客户经理制的思考［J］．经济问题探索，2006（3）．

［138］李镇，郑成雄．我们这样搭建个人客户经理机制［J］．金融博览，2009（9）．

［139］潘春华．如何完善个人客户经理制［J］．现代金融，2009（2）．

［140］薛春芳．商业银行客户经理制度研究［J］．经济论坛，2007（8）．

［141］许学军．完善我国商业银行客户经理制的几点思考［J］．金融发展研究，2009（5）．

［142］刘益群．我国商业银行客户经理制运行模式研究［D］．长沙：湖南大学，2007．

［143］陈晓峰．论我国商业银行的客户经理制［D］．天津：天津财经大学，2007．

［144］汪阔朋．我国商业银行客户经理及其管理研究［D］．青岛：中国海洋大学，2005．

［145］舒葶．商业银行客户经理胜任力的研究［D］．重庆：重庆大学，2004．

［146］王爱寿．培养高素质队伍　提升企业软实力［J］．供电企业管理，2011（1）．

［147］王会生．着力提升企业软实力［J］．企业文明，2009（12）．

［148］唐双宁．提升中国金融"软实力"问题［J］．银行家，2009（4）．

［149］孙琰，孙连仲．强化"软实力"建设，为建设中国特色社会主义而努力［J］．宝鸡社会科学，2007（4）．

［150］刘再起．加强中国软实力建设与发展战略研究［J］．武汉学刊，2007（5）．

［151］张洁云．打造中国文化软实力［J］．江海纵横，2008（1）．

［152］张曙明．大力提高国家文化软实力［J］．江东论坛，2008（1）．

［153］翁贵年．对提高国家文化软实力的几点认识［J］．江东论坛，2008（1）．

［154］付文茂．浅谈文化软实力建设［J］．江西蓝天学院学报，2008（2）．

［155］陆继鹏．软实力与中国对东南亚外交［J］．东南亚之窗，2007（2）．

［156］黄振平．创建国家级文化品牌　提升文化软实力［J］．江海纵横，2008（4）．

［157］艺衡．文化主权学说与当前国家文化软实力发展战略的理论构建［J］．南方论丛，2009（2）．

［158］霍桂桓．关于软实力的几点哲学思考［J］．南方论丛，2010（1）．

［159］彭立勋，乌兰察夫．提升文化软实力，增强城市核心竞争力[J]．南方论丛，2008（1）．

［160］吕建云，秦燕燕．略论我国国家软实力的提升空间［J］．重庆科技学院学报：社会科学版，2011（18）．

［161］王沪宁．作为国家实力的文化：软权力［J］．复旦学报：社会科学版，1993（3）．

［162］庞中英．中国软力量的内涵［J］．瞭望新闻周刊，2005，（45）．

［163］阮宗泽．软实力与硬实力［N］．人民日报，2004－02－13．

［164］王利文，宫玉涛．中国软实力的资源、效用与局限性分析［J］．哈尔滨市委党校学报，2008（6）．

［165］胡南．国家软实力的指标体系研究［J］．长春工业大学学报：社会科学版，2010（1）．

［166］张勇，王树林．软实力与硬实力：一个新的分析框架［J］．重庆工商大学学报：社会科学版，2009（4）．

［167］朱洪良．中国传统文化与构建文化软实力研究［D］．天津：天津大学，2010．

［168］沈壮海，文化如何成为软实力［J］．中国人才，2011（15）．

［169］曹园园，陈兴丽，杨绍安．提升国家文化软实力论析［J］．科教

导刊（中旬刊），2011（8）.

[170] 陈欢. 中国软实力研究分析：兴起、视角与趋势 [D]. 广州：暨南大学，2010.

[171] 李效东. 软实力与硬道理 [J]. 北京交通大学学报：社会科学版，2009（3）.

[172] 任晓东. 全面提高国家文化软实力 [J]. 沧桑，2009（1）.

[173] 陈爱文，郑爱花. 提高文化软实力的意义及路径 [J]. 重庆科技学院学报：社会科学版，2008（12）.

[174] 黄意武. 提升我国文化软实力建设初探 [J]. 重庆社会主义学院学报，2010（1）.

[175] 何事忠. 提升软实力发展战略研究纲要 [J]. 重庆社会科学，2008（3）.

[176] 李彬. 论提升软实力的价值意蕴 [J]. 重庆工商大学学报：社会科学版，2008（1）.

[177] 刘斌. 提升文化"软实力"是银行发展"硬道理" [J]. 长三角，2010（4）.

[178] 刘光宇. 创意提升软实力 [J]. 共产党人，2011（11）.

[179] 赖红卫. 传统文化与提升国家软实力的思考 [J]. 科技信息，2011（19）.

[180] 宋洋洋. 文化软实力研究综述 [J]. 魅力中国，2010（14）.

[181] 侯迎欣. 提升中国文化软实力的一些思考 [J]. 理论与当代，2010（4）.

[182] 朱兆香. "文化软实力"界说 [J]. 世纪桥，2010（1）.

[183] 约瑟夫·奈，陆斌. "软实力"与国家的强大 [J]. 书摘，2003（8）.

[184] 唐双宁. 加强金融文化建设——实现由金融硬实力平面扩张的金融大国向金融软实力立体提升的金融强国转变（上篇）[J]. 中国金融家，2011（9）.

[185] 齐建晖. 科学发展是"硬实力"与"软实力"的统一论——由中国 GDP 排名世界第二引起的思考 [J]. 经济研究导刊，2011（22）.

［186］李政．刍谈文化软实力和生产硬实力［J］．科技创业月刊，2011
（2）．

［187］谢素芳．文化是软实力也是硬实力［J］．中国人大．2010（9）．

［188］董漫远．改革开放与中国硬软实力的构建［J］．国际问题研究，
2008（6）．

［189］武铁传．论软实力与硬实力的辩证关系及意义［J］．理论导刊，
2009（5）．

［190］张勇，王树林．软实力与硬实力：竞争力评价的一个新理论框架
［J］．黑龙江社会科学，2009（4）．

［191］胡军，文化：软实力、硬实力及其相互关系［J］．南阳理工学院
学报，2009（1）．

［192］李文儒，"软实力"与"硬实力"［J］．紫禁城，2008（3）．

［193］任远远．"软实力"与"硬实力"关系研究［J］．现代商贸工
业，2009（22）．

［194］郑硕农．"硬实力"和"软实力"［J］．国际公关，2005（2）．

［195］张颐武．硬实力·软实力·巧实力［J］．新湘评论，2009（4）．

［196］刘淑敏．软硬实力要协调发展［J］．通信企业管理，2007（4）．

［197］萧树阳．软文化与硬实力应有机结合［J］．中国电力企业管理，
2008（22）．

［198］王小东．中国的问题是软实力与硬实力不对称［J］．绿叶，2008
（1）．

［199］聂震宁．文化软实力与文化硬实力［J］．大学出版，2008（4）．

［200］张亚勤．创新要兼顾软硬实力［J］．经理人，2008（11）．

［201］邢建海．企业软实力是硬实力增长的重要支撑［J］．华北电业，
2007（6）．

［202］柳献初．企业的硬实力与软实力刍议［J］．汽车工业研究，2007
（10）．

［203］梁环忠．商业银行实行客户经理制的再思考［J］．河北金融，
2010（3）．

［204］高敬．我国商业银行客户经理制存在的问题与对策思考［J］．经

济师, 2008 (2).

[205] 毛捷. 商业银行客户经理制的有效性分析及对策研究 [D]. 杭州浙江大学, 2003.

[206] 邢哲. 我国商业银行客户经理制的实例分析与对策 [D]. 广州: 暨南大学, 2001.

[207] 郑锐. 完善××商业银行客户经理制的对策研究 [D]. 南京: 南京理工大学, 2008.

[208] 梁谷. 商业银行客户经理绩效考核方案评析与设计 [D]. 厦门: 厦门大学, 2007.

[209] 方舟. 中国商业银行客户经理制现状及对策分析 [D]. 郑州: 郑州大学, 2007.

[210] 任菲菲. 杭州 NH 银行个人客户关系管理的问题与对策 [D]. 杭州: 浙江大学, 2008.

[211] 谢瑞连. 建设银行衡阳分行客户经理薪酬方案研究 [D]. 合肥: 合肥工业大学, 2008.

[212] 刘益群. 我国商业银行客户经理制运行模式研究 [D]. 长沙: 湖南大学, 2007.

[213] 温志昕. 我国商业银行客户经理制发展研究 [D]. 郑州: 郑州大学, 2007.

[214] 徐红. 商业银行主客户营销管理模式研究 [D]. 上海: 复旦大学, 2004.

[215] 段红涛. 我国商业银行风险防范问题研究 [D]. 武汉: 武汉理工大学, 2002.

[216] 高俪珊. 商业银行客户经理行为风格与岗位匹配度研究 [J]. 全国商情 (理论研究), 2011 (13).

[217] 陆桂琴, 丁爱华. 商业银行客户经理激励机制设计研究 [J]. 理论探讨, 2011 (5).

[218] 杨志进, 许学军. 商业银行客户经理绩效考核存在问题及对策研究 [J]. 浙江金融, 2009 (12).

[219] 陈方. 客户经理制推行中面临的问题及对策 [J]. 现代金融.

2011 (10).

　　[220] 刘丽芳. 人才脱颖　时不我待——提升客户经理队伍素质之我见 [J]. 金融管理与研究, 2011 (9).

　　[221] 陈玉珍. 基层银行推行客户经理制的思考 [J]. 港澳经济, 1997 (12).

　　[222] 李建设, 李婷, 李文峰. 中美商业银行客户经理激励机制比较研究 [J]. 西部经济管理论坛, 2011 (3).

　　[223] 张远东. 贫困地区农信社信贷人员向客户经理转型难在何处[J]. 中国农村金融, 2011 (14).

　　[224] 麦吉刚, 马燕萍. 大客户经理制的实践与应用 [J]. 科技风, 2010 (23).

　　[225] 关萍. 银行客户经理制营销是提升我行持久性竞争优势的战略选择 [J]. 黑龙江交通科技, 2011 (9).

　　[226] 姚军. 对商业银行客户经理培养模式的探讨 [J]. 经营管理者, 2011 (5).

　　[227] 朱国庆, 管冰. 农业银行镇江市润州支行个人客户经理队伍建设情况调查 [J]. 现代金融, 2009 (7).

　　[228] 牛立涛. 商业银行客户经理制浅探 [J]. 河北金融, 2009 (10).

　　[229] 田建涛. 国外商业银行客户经理绩效考核成功经验借鉴 [J]. 商业文化: 学术版, 2008 (11).

　　[230] 杨晏忠, 王彦红. 商业银行客户经理全面营销意识的培养 [J]. 中国信用卡, 2008 (8).

　　[231] 甄立. 我国商业银行客户经理制存在的问题及对策 [J]. 职业时空, 2006 (18).

　　[232] 佟哲, 张英. 提高客户经理营销效能的思考 [J]. 财经界: 学术版, 2011 (5).

　　[233] 中国农业银行扬州分行课题组, 葛志强, 步腾, 王志军. 商业银行对公客户经理组织效能研究——以江苏省扬州地区为例 [J]. 农村金融研究, 2010 (8).

　　[234] 林建华. 我国商业银行客户经理绩效的综合评价系统 [J]. 城市

金融论坛, 2000 (12).

[235] 沈军. 客户经理自我管理研究 [J]. 中国农业银行武汉培训学院学报, 2011 (4).

[236] 王禹程. 银行客户经理绩效考核系统设计 [J]. 中国新技术新产品, 2011 (18).

[237] 关萍. 银行客户经理制营销是提升我行持久性竞争优势的战略选择 [J]. 黑龙江交通科技, 2011 (9).

[238] 于刚. 浅谈国有商业银行客户经理队伍建设 [J]. 科技风, 2011 (4).

[239] 王健, 刘秀清. 从客户经理制角度分析我国商业银行客户经理流失问题 [J]. 经济研究导刊, 2009 (29).

[240] 曾宇平. 银行客户经理综合素质评价模型 [J]. 科技创业月刊, 2009 (2).

[241] 高敬. 我国商业银行客户经理制存在的问题与对策思考 [J]. 经济师, 2008 (2).

[242] Ballou R, Bowers D, Boyatzis R E and Kolb D A. Fellowship in life-long learning. An executive development program for advanced professionals [J]. Journal of Management Education, 2000, 23 (4): 338~354.

[243] Barrett G V, Depinek R L. A reconsideration of testing for competence rather than for intelligence [J]. American Psychologist, 2000, 46 (2): 1012~1024.

[244] Barrett G V. Empirical data say it all [J]. American Psychologist, 1994, 49 (1): 69~71.

[245] Boyatizis R E. Rendering unto competence the things that are competent [J]. American Psychologist, 1994, 49 (1): 64~66.

[246] Cowan J. Barrett and Depinet versus McClelland [J]. American Psychologist, 1994, 49 (1): 32~34.

[247] David C McClelland. Testing for competence rather than for intelligence [J]. American Psychologist, 1973 (28): 1~14.

[248] Dierendonck D, Schaufeli WB, Buunk BP. The evaluation of an individual burnout intervention program: the role of inequity and social support [J].

Journal of Applied Psychology, 1998, 5 (3): 392~407.

[249] Flanagan J C. The critical incident technique [J] . Psychological Bulletin, 1953, 51 (4): 327~358.

[250] Hay Management Consultants. Hay Realizing Strategy Through People, Guidance Book [M] . Boston: Haygroup, 1998.

[251] Gerald V B, Robert L D. A reconsideration of testing for competence rather than for intelligence [J] . American Psychologist, 1991 (6): 1012~1024.

[252] Jacohs. From Generic Competencies to Specific Organic Competencies [J] . Human Resource Planning, 1996, 24 (4): 56~62.

[253] Jeffery S Shippmann, Ronald A Ash, Linda Carr, Beryl Hesketh. The practice of competency modeling [J] . Personnel Psychology, 2000, 53 (3): 703~740.

[254] Mansfield. Intellectual Property Protection and U. S. Foreign Direct Investment [J] . Review of Economics and Statistics, 1996, 78 (3): 181~186.

[255] McClelland Dc. Identifying competencies with Behavioral Event Interviews [J] . Psychological Science, 1998, 7 (1): 84~93.

[256] McClelland Dc. competence vs competency [J] . Psychological Science, 2001, 54 (1): 55~58.

[257] Michael P Leiter. Christina Maslach: The impact of interpersonal environment on burnout and organizational commitment [J] . Journal of Organizational Behavior, 1988, 9 (4): 297~308.

[258] Nordhaug. Competence specificities in Organizations [J] . Journal of Occupational and Organizational Psychology, 1998, 22 (28): 8~29.

[259] Nygren D J, Ukeritis M D. The future of religious orders in the United States: Transformation and commitment [J] . International Journal of Conflict Management, 2004, 15 (1): 6~28.

[260] Pfefferj, Veigajf. Putting people fist for organizational success [J] . Academy of Management Executive, 1999, 15 (1): 6~28.

[261] Richard Boyatzis. The Competent Manager [J] . Journal of Social and

Clinical Psychology, 2001, 20 (1): 82~98.

[262] Ron Sanchez. Understanding competence – based management Identifying and managing five modes of competency [J] . Journal of Business Research, 2004 (57): 518~532.

[263] Rumelt, R Dan Schendel, David Teece. Fundamental Issues in Strategy [J] . Harvard Business Review, 1994, 22 (3): 79~98.

[264] Sandberg J. Understanding Human Competence at Work: An Interpretative Approach [J] . Academy of Management Journal, 2000, 2 (43): 9~25.

[265] Shi K. Organizational behavior research in transitional time of China [J] . Journal of Management, 2005, 12 (1): 1~16.

[266] Shi K, Wang X C. A Research of Psycho – simulation Training on Modern Operators. In: Proceedings of the Second Afro – Asian Psychological Congress [M] . Beijing: Peking University Press, 1993.

[267] Shi K, Lu J F, Fan H X, Jia J M, Song Z L, Li W D, Gao J, Chen X F, Hu W P. The Rationality of 17 Cities'Public Perception of SARS and Predictive Model of Psychological Behaviors [J] . Chinese Science Bulletin, 2003, 48 (13): 12~14.

[268] Siu V. Managing by competencies – study on the managerial competencies of hotel middle managers in Hong Kong Hospital management [J] . Journal of Employment Counseling, 2004, 41 (1): 29~37.

[269] Spencer L M & Spencer S M. Competence at work [M] . John Wiley & Sons, Inc. , 1993.

[270] Street stories. Interview with Trading Psychologist Van K. Tharp [EB/OL] , 2005 [2005 – 10 – 11] , http: //www. streetstories. com.

[271] Walumbwa F O, Wang P, Lawler J, Shi K. The role of collective efficacy in the relations between transformational leadership and work outcomes [J] . Journal of Occupational and Organizational Psychology, 2004 (77): 515~530.

[272] Walumbwa F O, Lawler J, Avolio B J, Wang P, Shi K: Transformational leadership and work – related attitudes: The moderating effects of collective and self – efficacy across culture [J] . Journal of Leadership and Organizational

Studies, 2005, 11 (3): 21～22.

[273] William D Spangler. Validity of Questionnaire and TAT Measures of Need for Achievement: Two Meta – Analyses [J] . Psychology Bulletin, 1992, 112 (1): 140～154.

[274] Wang P, Lawler J, Walumbwa F O, Shi K. Work – family conflict and job withdrawal intentions: the moderating effect of cultural differences [J] . International Journal of Stress Management, 2004 (11): 392～412.

[275] Winter D G, McClelland D C. Thematic analysis: An empirically derived measure of the effects of liberal arts education [J] . Journal of Educational Psychology, 1978, 70 (1): 8～16.

[276] Winter D G. Manual for scoring motive imagery in running text [J] . International Journal of Conflict Management, 2002, 11 (3): 255～265.